대만 산책

| 개정판 |

대만 인문 여행

대만 산책

류영하 지음

이숲

한 쪽만 보지 말고, 양쪽을 보고, 전체까지 보라

– 자크 엘륄

일러두기 :

중국어음은 기본적으로 국립국어원의 외래어 표기법을 따랐다. 신해혁명(1911년) 이전의 인명은 한국어음으로, 이후는 중국어음으로 표기했다. 더불어 독자의 이해와 가독성을 위해 아래와 같은 원칙을 만들었다.

1. 수전포(水煎包), 완탕(餛飩), 소고기면(牛肉麵), 자조찬(自助餐), 광동(廣東), 성룡(成龍), 임가 화원(林家花園), 고궁박물원(故宮博物院), 마조묘(媽祖廟) 등과 같이 이미 한국인의 입과 뇌에 익숙한 용어는 그대로 따랐다. 일본, 미국, 중국처럼 대만이라는 국호도 (타이완으로 하지 않고) 한국의 보편적인 방식을 그대로 따랐다.

하지만 대만을 중화인민공화국의 일개 성으로 간주할때는 타이완으로 호칭한다는 점도 밝혀둔다. 그 밖의 인명과 지명, 상호 등의 고유명사는 중국어음으로 통일했다. 단 이해를 심각하게 방해할 경우 한국어음으로 표기했다.

2. 특히 음식 이름 중에서도 곱창탕(四神湯) 같은 것은 '쓰선탕'이라고 하면 도무지 이해할 수없으니 '곱창탕'이라고 풀어주고 한자를 병기했다. 후추 고기 화덕만두(胡椒餅), 쩐만두(水餃), 참깨장면(麻醬麵), 굴 국수(蚵仔麵線) 등도 마찬가지이다.

3. 청화대학(清華大學), 닝샤 야시장(寧夏夜市), 신주시(新竹市), 융캉가(永康街), 하한족(哈韓族) 등과 같은 조합의 단어는, 빠른 이해를 위해 앞의 고유명사는 중국어음으로, 뒤의 일반명사는 한국어음으로 표기했다.

4. 원주민은 대만의 헌법에 '원주민족'으로 되어 있지만, 한국인의 오해를 막기 위해 '원주민'이라는 용어를 그대로 사용했다.

5. 사진은 대부분이 2019년 상반기에 찍은 것이지만, 2016년이나 2017년 잠간 방문했을 때의 것도 있음을 밝힌다.

나와 대만 – 서문을 대신하여

⚜

2019년 대만에 온 지 얼마 되지 않아 나는 페이스북에 대만에서 제일 좋은 점은 따뜻한 날씨와 선량한 사람들이라고 썼다. 대만에 한 번이라도 가본 사람은 모두 인정이 느껴지는 곳이라고 말한다. 대만인들은 낯선 사람에게도 적의가 없다. 수시로 인사를 주고받고, 모르는 사람에게도 씩씩하게 덕담을 건넨다. 대만인들은 왜 친절할까? 이 물음에 대한 대답을 구하는 것이 이 책의 목표였다.

난생처음 영화를 본 날이 생각난다. 초등학교 4학년에 올라가면서 두메산골 상주 사벌면에서 대도시인 대구로 이사 왔다. 아버지가 나를 만경관에 데려가서 만화영화 「아톰」을 보여주셨다. 내 생애 최초의 만화영화일뿐더러 처음 본 동영상이었다. 텔레비전도 못 보고 자란 아이가 갑자기 영화를 본 것이다.

그 충격적인 감동은 지금까지도 생생하다. 영화가 끝나자 아톰을 직접 보고 싶었다. 아버지 손을 잡아끌고 아톰이 스크린 뒤에 있을 거라고 우기면서 살펴보았다. 그런 마음으로 대만의 사방과 팔방을 살펴보았다.

한국에서 나온 대만 관련 책을 찾아보았다. 대만의 관광지와 맛집을 소개하는 책은 많았다. 반면에 대만의 역사와 문화에 관해 풀어쓴 대중서는 드물었다. 한국과 대만의 관계를 보여주는 현실이었다. 2019년 대만을 방문한 한국인은 1백 5십만 명을 넘어서 일본인과 중국인에 이어 3위를 기록했다. 하지만 우리는 여전히 대만을 잘 모른다.

석사 시절 홍콩에 가느라 처음으로 대만을 경유했다. 다시 수십 년이 흐르고 세미나 참석차 한두 번 갔다. 최근에는 2016년 TV 「세계테마기행」 대만 편을 찍으면서 3주 동안 수박 겉핥기식으로 둘러본 적이 있었다. 대만은 대단히 매력적이었다.

은퇴하면 대만에서 살고 싶다는 말을 입에 달고 살았다. 먹거리가 다양하고, 사람들이 친절하다는 것을 그 이유로 들었다. 기회가 된다면, 대만을 좀 더 알고 싶었다. 그 소원은 뜻밖에도 일찍 이루어졌다. 대만 정부 초청(중화민국 과기부 인재 초청 프로그램)으로 국립칭화대학(國立淸華大學)의 대학원인 대만문학연구소(台灣文學硏究所)에서 강의하게 되었다.

2019년 1월 30일부터 8월 1일까지 6개월간 대만에 체류했다. 『대만

대만대학병원 전철역 벤치

국립칭화대학 교문

산책』을 일기 쓰듯이 쓰기 시작했다. 하루에 한 장씩 쓴다면, 체류 기간을 계산해보면 200장이 넘어갈 테니 자연스럽게 책 한 권이 될 참이었다. 내 눈은 대만을 보려고 내내 두리번거렸고, 내 귀는 대만을 듣고자 활짝 열려 있었다. 내 의지를 눈치챈 연구소의 류류수친(劉柳書琴) 교수는 서예를 하는 제자에게 "많이 보고 많이 듣고 많이 읽고 많이 쓰고 많이 놀고 친구도 많이 사귀라."라는 글귀를 쓰게 해서 내게 전해주기도 했다.

칭화대학에서의 지은이 숙소

6개월 동안 나는 이렇게 보고 듣고 생각했다. 생각나면 조금씩 쓰고, 밥을 먹다가도, 책을 읽다가도, 신문을 보다가도 썼다. 강의 준비도 하고, 서점에도 가고, 시장에도 가고, 여행도 했지만, 머릿속에 대만을 그렸다가 지우고 다시 그리기를 반복했다. 그 결과물이 바로 이 책이다. 그런 점에서 이 책은 중국학을 공부하는 사람의 대만 일기다.

대만문학연구소

순전히 내 기준으로 목차를 만들고 내 생각대로 썼다. 나로서는 대만에 보답할 최선의 방안이었다. 한국과 대만의 우의를 위해 내가 할 수 있는 일이었다. 지금의 나는 내가 했던 수많은 선택의 결과이다. 마흔이 넘으면 자기 얼굴에 책임져야 한다는 말이 있다. 지금 사회나 국가 모습은 그 사회나 국가가 책임져야 한다. 그 사회 구성원이나 국민이 선택했기 때문이다. 대만 현재 모습은 대만인들이 선

류류수친 교수의 글귀

대만 문화부 박물관 홈페이지에서

택해온 결과이다.

　사람을 알려면 유전자와 성장환경을 살펴보아야 한다. 언제부터 생긴 버릇인지 모르지만, 길을 가면서 건물을 관찰하고, 그 동네 표어나 간판을 평가한다. 지난번 가족 여행에서 어머니에게 혼잣말처럼 중얼중얼하시는 버릇이 있음을 발견했다. '이 건물은 반듯하게 잘 지었구나', '이쪽 표지판 모양은 저쪽과 다르구나' 하셨다. 세상에서 제일 무서운 것이 유전자임을 다시 확인했다.

　국가나 지역의 문화도 유전자와 환경이 만들어낸 것이다. 문화 유전자 밈(meme)이 환경을 만들고, 환경이 다시 문화 유전자를 만든다. 대만을 관찰하는 시간이 길어질수록, 또 글이 늘어날수록 점점 더 확신하게 되었다. 대만의 문화는 역사와의 상호 작용으로 탄생한 것이다.

　이어령은 가나 문자, 하이쿠와 분재, 문고판 책, 쥘부채 등으로 일본 문화를 '축소지향'으로 정의했다. 루스 베네딕트는 국화와 칼로 일본인의 이중성을 분석했다. 은사인 대만의 중문학자 린밍더(林明德) 교수는 은퇴한 지 오래되었지만, 여전히 대만학 연구에 매진하고 있다. 대만의 관용과 포용 정신을 특별히 자랑했다.

대만문화를 한마디로 정의한다면 무엇일까? 나는 만두와 대나무를 떠올렸다. 모든 재료를 포용하는 만두와 절도를 상징하는 대나무로 이 아름다운 '보물섬(寶島)'을 정의하고 싶었다. 대만에는 인정과 원칙이 공존한다. 사람들은 넉넉하지만 치밀하다.

2019년 세상에 내놓은 『홍콩 산책』의 반응이 좋았기에, 내친김에 '대만 산책'이라는 제목을 달기로 했다. 앞으로 대만을 연구하는 사람들이 많아지고, 대만과의 교류에 깊이와 넓이를 더했으면 좋겠다. 대만에서의 체류 기간이 짧고, 능력이 부족한 데다가 외국인이기에 대만을 서술한다는 것 자체가 어불성설임을 잘 알고 있다. 독자들의 지적을 겸허하게 기다리고자 한다.

2022년 연구년을 맞이하여 국립대만대학(國立台灣大學) 인문사회고등연구원(人文社會高等研究院) 방문학자로 초청은 받았지만 코로나 사태로 발이 묶인 상태에서 마냥 이 책 작업에 몰두했다. 10월이 되어서야 마침내 대만에 다시 갈 수 있었다. 이후 지금까지 방학때 마다 가서 대만 공부를 계속하고 있다.

이 책이 세상에 나오는 데 이숲 출판사의 임왕준, 김미리 선생님의 도움이 컸다. 이 자리를 빌려 감사를 표한다.

마지막으로 국립칭화대학 대만문학연구소의 류류수친 교수에게 특별히 감사하고 싶다. 객좌교수 신청부터 하나하나 도와주었고, 체류하는 동안에도 세심하게 마음을 써주고, 하나라도 더 전해주려고 했다. 왕위팅(王鈺婷) 교수도 내가 대만에 관한 책을 준비한다는 것을 알고 틈틈이 응

원해주었다. 두 친구 모두 이 책이 나왔다는 것을 알면 나보다 더 기뻐할 것 같다. 대학원생 차이콴이(蔡寬義), 중즈정(鍾志正), 황빙장(黃炳彰)에게도 고맙다는 인사를 전해야 한다. 나는 그 셋을 통해 망년지교를 알았고, 대만을 배웠다.

이 책이 세상에 나오고 많은 관심을 받았다. 오탈자부터 사실 확인까지 도움을 준 분들에게 이 자리를 빌려 감사 인사를 전한다. 새로 쓰는 마음으로 한 문장 한 문장을 다시 검토하고 보완했다.

춘천 우유당(優游堂)에서
류영하

3. 보기

4. 알기

1. 먹기

1) 수전포(水煎包)

만두는 중국인을 상징하는 먹거리이다. 중국인들에게 만두의 둥근 모양은 원만함과 풍족함을 뜻한다. 명절이나 생일 등 좋은 날에는 온 가족의 평화를 기원하는 의미에서도 반드시 준비한다. 중국에는 '초복에 찐 만두(水餃), 중복에 국수(麵條), 말복에 넓적한 군만두(鍋貼)를 먹는다'는 말이 있다. 중국인들은 그 정도로 만두를 사랑한다.

루드비히 포이어바흐는 "인간은 곧 그가 먹는 것이다"라고 했고, 브리야 사바랭은 "네가 먹는 것을 말해다오. 그럼 네가 누구인지 말해줄게"라고 했다.

그런 점에서 대만인들은 중국인이다. 문화적으로 중국인이 분명하다는 말이다.

1. 수전포(水煎包) 2. 고기만두(肉包) 3. 만두 진열대
4. 야채만두(菜包)

1. 완탕(餛飩)   2. 완탕면(餛飩麵)   3. 육즙 많은 만두(皮湯包)
4. 넓적한 군만두(鍋貼)   5. 찐만두(水餃)   6. 시엔빙(餡餅)

대개 그러하듯 만두의 기원에는 여러가지 설이 있다. 인도나 중앙아시아 등에도 비슷한 음식이 있는데, 중국화되었다는 설이 유력하다. 하지만 중국인들에게는 삼국시대 제갈공명의 스토리가 더 유명하다. 적벽대전 또는 남만(南蠻) 공격을 앞두고 승리를 기원하는 제사에서 유래되었다는 것이다. 실제로 사람 목을 바치는 것은 너무 잔인한 일이었기에 따로 그것을 흉내내서 (소 없는) 빵을 만들었다. 함부로 살생하지 않겠다는 제갈공명의 그 마음이 만두의 철학이다.

어떻게 보면 만두는 인류와 함께 자연스럽게 만들어진 원형이라고 생각한다. 여러 가지 재료를 넣고 한꺼번에 먹는 방법 말이다. 언젠가 다큐멘터리에서 본 기억이 난다. 세계 어디를 가나 만두 비슷한 음식 하나쯤은 있는 것 같다.

대만인들의 만두 사랑은 남다르다. 그 종류가 무한한 듯하다. 다양한 재료를 밀가루로 감싸는 만두는 포용과 화해를 상징한다. 온 가족이 둘러앉아 만두를 빚는 장면이 설날 풍경에서 빠질 수 없는 이유이다. 한 해를 보내면서 섭섭한 점이 있더라도 화해하고, 잘못한 점이 있더라도 포용하자는 뜻이다.

대만의 정신이 무엇인지 궁금했던 내 시야에 만두가 자주 들어왔다. 대만은 만두 천국이다. 이름도 다양해서 소룡포(小籠包), 육즙 많은 만두(皮湯包), 수전포(水煎包), 생전포(生煎包), 찐만두(水餃), 길쭉한 군만두(煎餃), 넓적한 군만두(鍋貼), 완탕(餛飩), 돼지고기 소고기 등의 소가 들어가는 큰 군만두인 시엔빙(餡餅) 등등 만두 종류가 이렇게 많은지 예전에는 미처 몰랐다.

수전포는 물(水)로 굽는(煎) 만두(包)를 말한다. 만두가 기름만이 아니라 물로도 굽는다는 사실을 아는 순간, 우리 두뇌의 사유 능력은 조금 더 발전한다. 원래 수전포는 중국의 화북이나 중원 지방 것이다. 5백 년이 넘는 역사를 자랑하는 먹거리이다.

내가 머물던 칭화대학 숙소 인근 골목인 수이위안가(水源街)에서 제일 장사가 잘되는 진위안바오 만둣집(金元寶餃子大王) 메뉴를 살펴보자. 비교적 일반적인 만두 식당 면모를 보여주기 때문이다. 진위안바오 만둣집 간판 메뉴는 당연히 만두이다.

그 밖에 제일 위에 보이는 메뉴가 탕면(湯麵)이다. 말 그대로 국물이 있는 국수로 대만 대표 음식 중 하나인 소고기면(紅燒牛肉麵)이다. 탕면이 나왔으니, 그 다음은 건면(乾麵)이다. 국물 없이 마른 면을 말한다. 국물이 접시 밑바닥에 살짝 보이는 정도다. 면을 파는 식당이면 반드시 건면도 판다.

당연히 쌀밥(飯) 종류도 있다. 덮밥 형태로 나온다. 대체로 건면에 올려주는 소스를 밥에도 올려준다. 면이 밥으로 바뀐 것뿐이다. 반찬(小菜)도 다양하다. 간장 두부조림(油豆腐), 간장 돼지 귀(豬耳朵) 등 주로 한족의 한 갈래인 객가(客家)식 반찬인데, 그중에서도 소고기 완자(貢丸)는 대만 대표 음식 중 하나이다.

만두가 좋은 이유 중 하나는 간편함에 있을 것이다. 운전하면서, 버스나 기차 타고 가면서, 어른 주먹 크기 수전포(水煎包)를 한두 개 사서 끼니를 해결할 수 있다. 찐만두와 물에 지진 수전포는 부추(韭菜) 고기만두(肉包)와 양배추(高麗菜) 고기만두, 두 종류가 기본이다.

2) 고기 전분 만두(肉圓)

고기 전분 만두인 러우위안은 이름 그대로의 음식이다. 잘게 다진 돼지고기(肉)를 동그란(圓) 전분 떡에 넣은 형태이다. 한국인이라면 식탁에 올라오는 고기 전분 만두인 러우위안을 보는 순간, 이것은 좀 특별한 음식이라고 생각할 것이다. 그만큼 생소한 음식이다. 중국에서도 홍콩에서도 눈에 잘 띄지 않는 대만 고유 음식임이 분명하다.

러우위안은 고구마 전분이나 감자 전분, 녹말가루 등으로 만든 반투명 떡이다. 그 안에 잘게 다진 돼지고기와 표고버섯을 넣는다. 지역과 식당에 따라 죽순, 달걀, 관자, 밤 등을 넣기도 한다. 대만 중부지방인 장화(彰化)를 기준으로 이북에서는 튀기고, 이남에서는 찌는 방식으로 만든다고 한다. 손님에게 낼 때는 위에 달거나 짠 소스를 뿌려주기도 한다.

러우위안은 대만 가난이 만들어낸 음식이다. 1898년 장화 지방에 홍수가 나서 구휼 목적으로 만들었다는 설이 유력하다. 어려운 시기 대만의 농촌에서도 고구마로 연명할 수밖에 없었다. 연명하려고 먹어야 했던 고구마에 다양한 요리법이 필요했다. 이렇게 저렇게 연구하다가 점차 지금 형태가 된 것으로 추정된다.

장화의 러우위안

전국 어디에서나 러우위안을 맛볼 수 있지만, 원조를 주장하는 장화 시의 장화 러우위안(彰化肉圓), 베이도우 러우위안(北斗肉圓), 위안린 러우 위안(員林肉圓), 장화 량위안(彰化涼圓) 등 식당이 유명하다.

대만이 정말 가난하던 시절 농촌에서 자란 대학원생이 들려준 이야 기다. 그에게는 도시락에 얽힌 슬픈 추억과 아름다운 추억이 있었다. 우 선 매일 똑같은 반찬 즉 무우나 감자 말랭이에 질렸던 추억이 있었고, 그 것을 눈치챈 짝꿍 여학생이 슬쩍슬쩍 집어주던 맛난 반찬에 대한 추억도 있었다.

시골 아이들이 자라는 모습은 한국이나 대만이나 비슷하다. 들판에는 먹거리가 많았다. 메뚜기, 개구리, 물고기 등을 수시로 잡으러 다녔다. 한 국 아이들에게 참새는 별미가 되기도 했다. 좀 별난 아이들은 뱀을 잡아 먹기도 했다. 대만 아이들도 들판에 나가 먹거리를 찾아 영양 보충을 했 다. 여기까지는 한국과 대만 아이들이 서로 비슷하다.

대만 아이들은 한 가지를 더 먹었다. 바로 산하육(山河肉)이다. 산하 (Bandicoot rat)는 큰 들쥐를 가리킨다. 산하육이란 큰 들쥐고기를 말한다. 반신반의하는 내게 지금도 남부 시골에는 '산하육'이라는 메뉴가 있다 고 했다. 물론 대만에서도 산하육이 대중적인 음식은 아니다. 기겁하는 사람도 많다.

'음식은 바로 그 사람'이라는 말이 있다. 먹는 음식을 보면 그 사람을 알 수 있다. 무엇을 절대 안(못) 먹는다는 것과 무엇을 절대 안(못) 한다는 금기가 없는 유연한 두뇌 구조를 생각해본다.

3) 후추 고기 화덕만두(胡椒餅)

대만에는 간식거리가 많다. 그중에 '후추 고기 화덕만두'라는 것이 있다. 대파와 후추를 넣은 돼지고기 소를 채운 만두를 화덕에 굽는다. 사실이것을 '빵'이라고 불러야 할지, '만두'라고 불러야 할지 모르겠다. 1980년대부터 유행했다는데, 원산지는 복건성 푸저우(福州)이기에 '푸저우만두(福州餅)'라고 불리다가 발음이 비슷한 '후쟈오 만두(胡椒餅)'로 정착되었다.

길거리에서 자주 눈에 띄는 먹거리 중의 하나이다. 한국에 단 한 가지음식만 가지고 갈 수 있다면, 주저 없이 이것을 선택하고 싶다. 간식으로도 좋지만, 영양 면에서 한 끼 식사로도 부족함이 없다. 언제 어디서나 음식 재료는 현지 농산품과 불가분의 관계가 있는데, 후추는 대만 특산품중 하나이다.

화덕만두(胡椒餅)

화덕만두(胡椒餅)를 만드는 모습

화덕만두(胡椒餠)

칭화대학 정문의 대나무숲

디화가 먀오커우 고기만두(肉包)

화덕만두를 파는 곳은 많지만, 맛보기가 쉽지 않다. 화덕에서 만두가 나오는 시각이 정해져 있기 때문이다. 그 시각에 나오는 것은 웬만하면 그 시각에 다 팔린다. '00시에 오세요'라는 말을 자주 듣는다. 나누어주는 번호표를 받아서 30분이나 한 시간 뒤에 다시 가야 하는 곳도 있다. 이는 가장 맛있을 때 판다는 뜻이고, 그만큼 팔릴 양을 계산하고 만든다는 뜻이기도 하다. 만두 영업에서도 대만인들의 절도를 발견하게 된다.

대만 정신이 무엇일까 고민하던 중에 칭화대학 정문 벽을 따라 이어진 울창한 대나무 숲이 보였다. 강인함과 유연함이 그 특징인 대나무는 대만에서 매우 흔하다. 그 순간, 대나무가 대만인들의 절도를 상징한다는 생각이 들었다. 물론 중국인 스스로도 대나무를 아끼는데, 그것의 절개를 닮고 싶기 때문이다. 타이베이 랜드마크인 101빌딩이 왜 굳이 대나무를 형상화하여 지었는지 그 이유를 알 것 같았다. 포용과 절도, 내게 대만은 그렇게 다가왔다.

식당 영업시간도 대만인들답다. 대학 정문 앞 수전포 가게는 오후 두 시부터 저녁 일곱 시까지만 영업한다. 대부분 식당이 이렇게 영업시간을 정해놓는다. 타이베이의 대표 상업지구인 디화가(迪化街)에 '먀오커우(妙口)'라는 노점이 있다.

고기만두와 곱창탕(四神湯)으로 유명하다. 노점

인데도 언제나 손님들이 장사진을 이룬다. 그 앞에
차를 대고 만두를 수십 개씩 싣는 손님도 적지 않
다. 그 가게 역시 정오부터 오후 다섯 시까지만 영
업한다.

식당 영업시간

고속철도역 도시락 센터 역시 점심 저녁 모두 두
시간씩만 영업한다. 금방 만든 음식의 신선함을 그
대로 손님에게 전하려는 마음에서다. 여행객들이
철도역에서 파는 도시락을 신뢰하는 이유이기도 하
다. 한족의 한 갈래이지만 정체성이 매우 강한 객가
인들이 먹는 쌀국수(板條)를 잘하는 산이(三義)의 식
당인 아다&아정(阿達阿貞)도 새벽 여섯 시 반에 시
작하여 오후 한 시까지만 영업한다. 목각 작품의 도
시 산이에 간다면, 시간을 맞추어서 가보면 좋겠다.

신주 기차역 도시락 메뉴

대부분 식당은 점심때 열고 두 시간쯤 일하고 나
서 반드시 세 시간 정도 쉰다. 오후 다섯 시부터 세
시간쯤 더 일한다. 나는 이것을 온종일 식당에 매달
리지 않겠다는 의지로 읽었다. 일하는 사람들 표정
이 매우 밝다. 나만이 아니라 우리 가족 모두 대만
의 식당에서 일하는 사람들 표정이 밝다는 데 동의
했다. 모두 밝은 표정으로 일하는 모습을 보면, 그
들이 만든 음식에도 신뢰가 간다.

돼지갈비 도시락(排骨便當)

아다&아정의 쌀국수(板條)

식당에서 어떤 메뉴가 메뉴가 다 팔려서 죄송하다는 말을 자주 듣는
다. 준비한 재료가 소진되었다는 것인데, 그날 팔 분량만을 준비한다는
뜻이 아닐까! 대나무 같은 절도가 필요한 면이다.

4) 지게면(擔仔麵)

어릴 때 대구 영선국민학교 운동회 때면 망개떡을 어깨지게에 지고 나오는 할아버지가 있었다. 어깨 양쪽으로 흔들리는 유리 상자 안에는 망개나무 잎에 곱게 쌓인 망개떡이 보기 좋게 놓여 있었다. 신선한 팥으로 속을 채운 망개떡에서는 신선도를 유지해준다는 망개나무 향이 살짝 묻어났다.

중국어로 '단자이(擔仔)'는 '어깨에 걸치는 좌우 평형의 지게'를 가리킨다. 타이난(台南) 사람들은 면을 어깨지게에 지고 다니면서 팔았다. 지게면 역사는 1895년까지 거슬러 올라간다. 당시 수도라고 할 수 있는 타이난 지역은 폭우도 폭풍도 자주 몰아쳤다. 바다로 조업을 나갈 수 없는 날이 많았다.

마냥 놀고만 있을 수 없기에 어떤 어민이 국수를 지게에 지고 타이난의 수이셴궁(水仙宮)에 가서 참배객들에게 팔았다. 콩나물, 향채, 마늘, 새우, 다진 고기 등 고명이 들어가는 작은 그릇의 지게면은 요깃거리로 안성맞춤이었다. 1950년대 미국 원조로 밀가루가 대량으로 수입되면서 지게면은 대만 전역으로 퍼져 나갔다. 대만인들은 지게면을 국보로 여긴다. 총통부에서는 국빈 접대 음식으로 내놓기도 한다. 2017년에는 국제 미식상을 받기도 했다. 원조 맛집들이 타이난의 중정로(中正路)에 밀집해 있다.

1895년부터 영업을 시작했다는 두샤오위에(度小月)의 다다오청(大稻埕) 분점에 갔다. 지금도 처음 영업을 시작할 때처럼 '두샤오위에 지게면(度小月擔仔麵)'이라고 쓴 깃발이 나부끼고 있다. 친구가 '도소월'이라는 식당 이름의 의미를 아느냐고 물었다. 우선 작은 달(小月)을 보내자(度),

그래야 큰 달이 온다는 의미가 아니겠느냐고 말해보았다.

친구의 답변은 이랬다. 바닷가 사람들은 큰 파도가 온 달을 '작은 달'이라고 한다. '수확량이 적은 달'이라는 뜻이라고 한다. 그들은 찹쌀떡을 만들어 먹으며 작은 달이 지나고 큰 달이 오기를 기다린다.

식당에 이런 이름을 붙일 수 있는 것이 대만 문화이자 중국 문화이다. 식당 이름 하나가 이렇게 큰 의미를 품고 있다. 그 자체가 거대한 인문학 서사이다. 이런 식당에서 식사할 때는 식당 이름이 자연스럽게 식탁의 화제로 등장한다. 이렇게 가족과 친구 사이에 인문학 지식을 주고받는다.

사실, 파도가 큰 달에 집에서 그냥 떡을 만들어 먹으며 그것이 지나가기를 기다린다는 것은 동양 최고 경전인 『주역(周易)』의 정수이다. '역(易)'은 바뀐다는 뜻이다. 세상의 모든 것은 변화한다는 의미이다. 파도가 큰 날이 있으면 파도가 작은 날도 있다. 큰 파도는 언젠가는 지나간다. 작은 파도가 지나가고 나면 반드시 큰 파도가 온다. 오라고 해서 오는 것도 아니고, 오지 말라고 해서 안 오는 것도 아니다. 봄이 가면 여름이 오고, 가을이 되면 겨울이 머지않다. 이렇게 변화한다. 살다 보면 성공할 때도 있고, 실패할 때도 있다. 성공만 계속될 수 없고, 실패만 계속되지도 않는

지계면(擔仔麵) 담아내는 모습   지계면(擔仔麵)

다. 이렇게 변화한다.

언젠가 한국에서 택시 기사에게 운이 좋은 때와 나쁜 때는 언제인가 물은 적이 있다. 운이 제일 좋을 때는 당연히 손님이 계속 연결될 때이다. 손님이 내리자마자 그 자리에서 다른 손님이 타는 것이다. 반대로 손님과 손님이 연결되지 않을 때가 제일 나쁘다고 한다. 아무리 기다리고 애써도 손님을 태우지 못하는 때가 있는데, 그런 날에는 꼭 한 발씩 늦고 어긋난다는 것이다.

그럴 때는 어떻게 하느냐고 물었다. 인생도 마찬가지인데, 택시 기사의 철학이 궁금했다. 그는 좋은 카페로 가서 제일 비싼 커피를 주문하고 느긋하게 즐긴다고 했다. 그렇게 쉬고 나오면 택시를 찾는 손님이 나타난다고 했다. 나는 무릎을 쳤다. 그는 『주역』의 원리를 모를 수도 있겠지만, 경험으로 이미 인생의 진리를 터득한 것이다. 노력한다고 해서 반드시 성공하는 것은 아니다. 안 될 때는 그냥 기다려야 한다. 발버둥칠수록 더 깊은 수렁으로 빠져드는 것이 인생이다. 사이클이 전환되고 타이밍이 바뀌기를 기다려야 한다.

택시 기사가 커피를 마시면서 손님을 기다리는 것처럼, 대만 바닷가

루강(鹿港) 재스민 인문 환경 교육 센터

어민들은 찹쌀떡을 만들어 먹으면서 큰 파도가 지나가기를 기다렸다. 타이난 어민들은 파도가 지나가기를 기다리면서 지게면을 팔았다. 대만의 식당 이름 하나가 책 한 권의 가르침을 품고 있다. 이것이 인문학이다.

5) 쌍장면(雙醬麵)

대만에도 자장면(炸醬麵)이 있다.

한국 자장면과는 조금 다르다. 언젠가 한국 TV 방송에서 자장면의 뿌리를 추적하는 프로그램을 본 적이 있다. 결국 산동성(山東省) 어느 시골에서 비슷한 음식을 찾아냈다. 하지만 최종적으로 한국의 자장면과는 다른 음식이라는 결론을 내렸다. 한국식 자장면은 산동성 출신 화교들이 한국에 와서 개발한 음식이다. 한국과 중국의 합작품이라고 보는 것이 맞다.

일찍이 박정희 대통령은 화교들을 억압하는 정책을 폈다. 토지를 소유할 수 없게 하고, 중국 식당만을 운영하게 했다. 대부분 화교가 견디지 못하고, 대만을 포함해 전 세계로 흩어졌다. 대만에서는 한국어로 말할 때 조심해야 한다. 한국인보다 한국어를 더 잘하는 화교 출신이 많기 때문이다. 한국에서 중국인들의 경제활동을 제한하는 강경책이 없었다면 어떻게 되었을까? 동남아에서 그랬듯이 중국인들이 경제권을 장악했으

자장면(炸醬麵) 전문 식당과 자장면

리라고 주장하는 사람이 많다.

반대로 얼마만큼의 화교들이 한국에서 계속해서 살았다면 어떻게 되었을까? 한국 사회에 적당한 긴장과 자극을 주지 않았을까? 사회 다양성이라는 그림에 색을 하나 더 보태지 않았을까? 나는 한국 사회의 가장 부족한 점은 자기 정체성과 조금이라도 다르면 쉽사리 받아들이지 않는다는 데 있다고 본다. 화교들이 한국에 뿌리 내리고 살게 해주었다면, 타자를 잘 인정하지 않는 우리 단점을 깨닫게 하는 계기가 되었을 것이다.

대만의 자장면에서는 손님을 가족처럼 생각하는 배려를 엿볼 수 있다. 영양의 균형을 생각해서 만든다. 자장면에 숙주나물과 두부 등 고명이 빠지지 않는다. 자장면뿐 아니라 다른 단품 음식도 마찬가지이다. 객가인들의 대표 음식 중 하나인 쌀국수(板條)에도 숙주나물과 부추, 마늘이 빠지지 않는다. 시장에서는 방울토마토를 팔면서도 후추, 소금, 설탕이 섞인 조미료를 넣어준다.

실제로 대만 음식이 균형 있다는 사실을 말해주는 통계가 있다. 홍콩 학생도 대만에 공부하러 많이 오고, 대만 학생도 홍콩에 많이 가는데, 홍콩에서 유학하는 대만 학생들의 건강 상태를 조사해보니 일주일 만에 체내 콜레스테롤이 대폭 증가했다는 것이다. 홍콩에서 청소년들의 콜레스테롤 수치에 대한 걱정이 어제 오늘의 일이 아니다.

대만인들의 유연한 사고는 자장면에서 그치지 않는다. 고소한 참깨장면(麻醬麵)도 있다. 자장과 참깨장을 같이 얹은 쌍장면(雙醬麵)을 먹어보면 저절로 고개를 끄덕이게 되고, 이들의 창의력에 경의를 표하게 된다.

칭화대학 서문 근처에 내가 좋아하는 쌍장면을 파는 국숫집 궈지(郭記)가 있다. 중국어로 '기(記)'는 상점이나 가게를 의미한다. 일반적으로 자기 성을 따서 식당이나 가게 이름을 붙인다. 궈지는 '곽(郭) 씨의 가게'

라는 뜻으로, 40대 초반 부부가 운영한다. 남자는 주방에서 일하고, 여자는 주문받고 서빙하고 돈을 받는다. 손님 30명 정도가 동시에 식사할 수 있다.

대만의 작은 식당이나 가게는 대부분 가족 중심으로 운영된다. 부부나 부모 자식이 함께 일하는 모습을 흔히 볼 수 있다. 가족 중심 식당은 인건비를 줄이겠다는 의지의 발로이다. 직원을 고용해서 월급을 줄 정도의 규모가 되지 않는 작은 식당이 많다. 대만 외식산업 구조의 한 단면이다.

귀지의 쌍장면(雙醬麵)

고용 창출을 우선한다면, 식당 귀지에서는 적어도 직원 다섯 명이 더 필요할 것이다. 하지만 부부가 각자 두세 명 몫을 해낸다. 인건비를 아껴야 하기 때문이다.

귀지뿐 아니라 대만 서민 식당에서 일하는 사람들을 보면 빈틈없고 허튼 동작도 없다. 주인 부부는 점심때 두 시간을 그렇게 바쁘게 움직이다가, 두 시가 되면 언제 그랬나 싶게 모든 활동을 멈춘다. 세 시간 정도 쉬고 오후 다섯 시 반에 다시 영업을 시작해서 여덟 시까지 또 그렇게 성실하게 일한다.

귀지 입구 간판

인건비를 줄이는 장치가 하나 더 있다. 대만 음식값이 저렴한 것은 손님이 일정한 역할과 양해를 해주는 덕분이다. 식당 한쪽 벽면에 음료수, 수저, 양념을 두는 셀프코너가 있다. 이 모든 것을 손님 스스로 준비한다. 남은 음식을 손님이 직접 포장해서 가져가게 하는 식당도 많다. 손님이 주인을 찾는 횟수가 그만큼 줄어든다. 셀프코너는 싸고 맛있는 음식을 먹으려면 손님도 협조해야 한다는 가르침의 공간이다.

작은 식당에서는 반드시 활용하는 벽면 식탁과 함께 식당 내 공간 활용도 더는 완벽할 수 없을 정도이다. 대만은 물론 홍콩도 마찬가지인데, 그들의 치밀한 공간 활용을 보면 감탄하지 않을 수 없다. 공간 활용이나 식당 운영에 관심 있는 사람은 한 번쯤 눈여겨볼 만하다.

내가 좋아하는 쌍장면을 파는 귀지에서 감동한 적이 있다. 거기서 식사할 때 보통 쌍장면 작은 것, 사천식 만두(抄手) 한 접시, 그리고 데친 채소(油菜)를 주문한다. 그런데 그날은 채소값을 받지 않겠다고 했다. 지난번에 팔았던 채소 상태가 좋지 않았다는 것이다. 재료가 바닥을 보일 때 주문받았고, 무리하게 손님 식탁에 올렸다고 했다. 자기 마음을 편하게 해달라는 말에 더는 실랑이하지 않았다.

셀프코너(自助區) 설명서

셀프코너

6) 소고기면(牛肉麵)

대만 음식을 말할 때 소고기면을 빼놓을 수 없다. 도심은 물론 전국 방방곡곡에 소고기면을 파는 식당이 있다. 국수에 소고기 몇 덩이를 얹어서 낸다. 가게마다 고명으로 얹는 소고기 부위와 국물이 다르다.

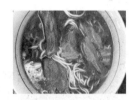

소고기면(牛肉麵)

한국의 설렁탕이나 곰탕을 생각하면 되겠다. 설렁탕이나 곰탕도 그 재료와 맛이 식당마다 다르다. 어느 집은 뼈를, 어느 집은 고기를 많이 사용한다. 대만의 소고기면도 식당마다 조리법이 다르고 주인만의 비법이 있다. 주로 양지와 사태를 많이 사용한다.

식당에서 주문할 때 고명을 살코기와 스지 중에서 선택할 수 있다. 국물도 골라야 한다. 대체로 맑은 국물 면(淸燉牛肉麵), 토마토즙이 들어간 면(蕃茄牛肉麵), 매운맛 면(辣味牛肉麵) 등이 있다. 소고기면 전문 식당에서는 면의 종류도 골라야 한다. 타이베이의 유명한 거리인 융캉가(永康街)에 가면, 홍콩의 영화배우 성룽(成龍)이 좋아한다는 라오장 소고기면집(老張牛肉麵店)이 있다.

라오장의 소고기면

대만에는 '권촌(眷村) 문화'라는 것이 있다. 대륙에서 건너온 군인들이 가족인 권속과 모여 살던 동네를 '권촌'이라고 부른다. 도시마다 권촌을 리모

융캉가 어느 식당의 스지 소고기면

타이베이 101빌딩 근처의 권촌

권촌(眷村)

델링하여 관광객을 유치하는 것도 유행이다. 소고기면은 권촌에서 탄생한 음식이다. 소고기면과 자장면 등 권촌 음식만을 전문으로 하는 식당도 있다. 타이베이의 권촌 요리 전문 식당인 춘쯔커우(村子口)는 당시 분위기를 그대로 간직하고 있다.

권촌(眷村) 요리 전문 춘쯔커우(村子口) 식당

소고기면에는 가슴 아픈 사연이 있다. 알다시피 장제스(蔣介石)의 국민당은 마오쩌둥(毛澤東)의 공산당과 벌인 전쟁에서 패색이 짙어지자, 대만으로 철수했다. 대학원생 한 사람은 이를 꼭 '도망'이라고 표현했다. 군인 60만 명과 권속 150만 명이 포함되어 있었다. 많은 사람이 묻는다, 승기를 잡은 공산당은 왜 파죽지세로 대만을 공격하지 않았느냐

타이베이 권촌 전시관

고. 그 기세라면 쉽게 이길 수 있었을 텐데, 그래서 중국을 통일할 수 있었을 텐데 말이다.

중국공산당은 대만은커녕 복건성 바로 앞에 있는 진먼도(金門島)에도 들어가지 못했다. 미국의 경고 때문이었다. 전폭적인 지원을 해주었는데도 국민당이 수세에 놓이자, 미국 정부는 중국 내전에 한동안 소극적인 반응을 보였다. 그러다가 1950년 한국전쟁이 일어나자 다시 적극적으로 개입했고, 대만을 공산주의 확산을 막는 마지막 보루로 간주했다. 더는 물러설 수 없는 마지노선이었다. 미국은 중국공산당이 대만을 공격하면 곧바로 참전한다고 경고했다. 제7함대를 파견하여 대만해협을 방어했고, 대만 섬 자체를 불침항모로 삼았다.

1971년 대만이 유엔에서 축출되었다. 하지만 미국은 대만을 승인하고 계속해서 지원했다. 군사적·경제적 원조를 아끼지 않았다. 대만은 미국의 이익과 직결되기에 절대 포기할 수 없는, 아니 영원히 포기하지 않을 나라이다.

장제스는 기회가 있을 때마다 대륙 수복을 외치고 나섰으나, 번번이 미국 견제로 주저앉았다. 그 대가로 1950년대부터 미국 원조물자가 대만에 쏟아졌다. 결과적으로 대만 경제는 유례없는 호황을 누렸다. 대만인들의 기억에 따르면, 당시에는 어떤 사업을 해도 성공했다고 한다.

군인들이 살던 권촌에도 군용 식품 통조림들이 넘쳐났다. 한국인들이 미군 부대에서 나온 소시지와 햄으로 부대찌개를 만들었듯이 대만인들은 미제 소고기 통조림으로 소고기면을 끓여 먹었다. 대만 대표 음식의 하나가 된 소고기면에는 그런 사연이 있다.

1945년 일본의 패망 이후 국민당 정권이 대만을 다시 식민화했다는 의견도 많다. 대만의 사상가 천광싱(陳光興)은 국민당 정권이 대만을 일

미어로 표기된 영어학원　　　365 영어 회화 책

제의 손아귀에서 구출하여 미국이라는 새로운 제국주의 구조 속으로 밀어 넣었다고 했다.

어린이 영어학원이 성업 중이다. 기린 영어(長頸鹿美語) 학원에서는 특이하게도 '영어(英語)'가 아니라 '미어(美語)'라고 표기한다. 미국식 영어를 특별히 지칭하는 말인 동시에 대만과 미국의 관계가 각별함을 보여주는 징표이다.

고급 아파트 단지 광고에는 유명한 어린이 영어학원을 유치했다는 내용이 빠지지 않는다. 심지어 광고지에 이런 문구도 보인다.

"나는 영어를 할 줄 알아요. 유일한 2개국어 커뮤니티인 OO 단지에 사는 덕분이죠."
"어려서부터 국제적인 시야를 배양해야 내 아이가 출발선에서부터 이길 수 있습니다."

7) 장조림 덮밥(滷肉飯)

음식은 문화의 상징이다. 음식은 지역(국가) 문화를 대표한다. 음식은 역사가 고스란히 담겼기에 지역 정체성을 이해하는 데 꼭 필요한 교과서라고 할 수 있다. 대만 음식에는 대만 내 다양한 민족의 충돌과 화해의 역사가 고스란히 투영되어 있다. 다양한 민족의 다양한 문화가 만들어낸 대만 음식은 매우 다양하다.

우선 세계 각지에서 온 관광객이 좋아하는 음식 순위를 보면, 1위 장조림 덮밥(滷肉飯), 2위 소고기면(牛肉麵), 3위 굴전(蚵仔煎), 4위 버블티(珍珠奶茶)이다.

그 밖에도 소룡포(小籠包), 후추 고기 화덕만두(胡椒餅), 찐만두(水餃), 굴 국수(蚵仔麵線), 취두부(臭豆腐), 볶음국수(炒米粉), 덴뿌라(甜不辣), 찹쌀밥(米糕), 고기 전분 만두(肉圓), 닭고기 덮밥(雞肉飯), 파 전병(蔥抓餅) 등 헤아릴 수 없을 정도이다.

관광객들이 1위로 꼽은 장조림 덮밥(滷肉飯)을 남부 대만에서는 '작은 크기의 장조림 덮밥(肉燥飯)'이라고 부른다. 작게 저민 돼지고기에 마늘, 파 등을 넣고 간장에 조린 고명을 흰 쌀밥에 올려서 비벼 먹는다. 돼지고기 크기와 부위에 따라 지역마다 다른 특징이 있고, 양념도 집집이 조금씩 다르다. 돼지고기를 싫어하는 사람이 드물고, 누구나 간장 맛에 익숙하니 장조림 덮밥이 환영받는 것 같다.

이 메뉴는 대만 요리라고 해도 이의를 제기할 사람이 없을 것 같다. 대만의 대표적인 서민 요리이다. 적은 분량의 돼지고기를 많은 사람이 나누어 먹을 수 있게 만든 요리이기에 역시 가난했던 대만의 역사가 만들어낸 음식 중 하나이다.

1. 장조림 덮밥(滷肉飯) 2. 취두부(臭豆腐) 3. 족발 국수(豬手麵線)
4. 건면(乾麵) 5. 버블티(珍珠奶茶) 6. 찐만두(水餃)
7. 바삭한 방식의 굴전(蚵仔酥) 8. 닭고기 덮밥(雞肉飯) 9. 족발 덮밥(豬手飯)

루웨이   주문표

하지만 군이 그 뿌리를 찾자면, 중국 요리 중에서 최고로 꼽히는 광동성 차오저우(潮州)의 방식을 객가인들이 응용한 것이 아닌가 싶다. 재미있는 점은 중국대륙 식당에서 이 음식을 '대만식 장조림 덮밥'이라고 자랑하면서 판다는 것이다.

원래 중국 음식에 '루러우(滷肉)' 또는 '루웨이(滷味)'라는 조리법이 있다. 갖은 양념 간장 국물에 고기를 삶아내는 방식이다. 광동성 차오저우 지방이 이 요리를 대표한다. 광동에서는 전채(前菜)로 차오저우식 루웨이를 내는 것이 기본이다.

대만 식당에 들어서면 적게는 대여섯 가지, 많게는 30~40가지 음식이 손님을 유혹한다. 서민 식당에는 주문표가 반드시 준비되어 있다. 손님이 먹고 싶은 음식을 주문표에 표시하고, 그것을 종업원이나 사장에게 건네는 식이다. 이것 또한 주인이 손님의 도움을 요청하는 장치인 셈이다. 손님도 기꺼이 응해서 한층 더 높은 식당 문화를 만들어 간다.

주문표에 표시하다가 이것이 정말로 좋은 제도라는 것을 알게 되었다. 손님과 주인 사이에 시비가 발생할 여지가 없다. 주문표라는 확실한 증거가 있으니 내가 이것을 주문했네 아니네 하며 말도 안 되는 다툼을 벌일 필요가 없다. 그뿐 아니라 친구끼리 식사할 때 무엇을 먹을지 서로 물을 필요도 없다. 그냥 주문표를 돌려서 각자 먹고 싶은 음식에 표시만 하면 된다. 주문받는 종업원도 스트레스 받을 필요가 없다. 주인은 주인 대로 오늘 어떤 음식이 얼마나 팔렸는지 수월하게 계산할 수 있다.

식사하기 전에 주문표에서 메뉴를 살펴보고, 자기가 먹고 싶은 음식을 골라 표시하고, 그 표를 주인이나 종업원에게 넘겨주는 행위 자체가 전두엽 발달을 촉진하는 하나의 학습과정 아닐까? 손님이 스스로 자기가 먹을 음식 종류와 양을 적절하게 가늠해야 한다. 한국에도 이런 식당이 있다는 것을 알지만, 대만만큼 보편적이지는 않다.

8) 주먹밥(飯糰)

주먹밥은 대만식 누드김밥이다. 누드김밥은 대만에만 있는 메뉴가 아니라 한국, 일본, 중국에도 있다. 조금 다르게 생긴 대만 주먹밥은 소에 따라 채소, 말린 고기 가루분, 치즈, 고기 등 대체로 다섯 가지 맛이 있다. 대만인들은 좋아하는 콩국과 함께 주로 아침에 먹는다. 속에 참치, 옥수수, 햄 등이 들어간 것도 있다. 지역과 시기에 따라 천차만별이다. 중국에서는 참쌀밥 속에 꽈배기, 말린 두부, 말린 고기 가루분, 짠지 등을 넣는다.

주먹밥도 대만의 포용 문화를 상징한다. 종류도 매우 다양해서 일식 바비큐 주먹밥, 치즈 바비큐 주먹밥, 스팸 주먹밥, 연어 주먹밥, 연어 베이컨 주먹밥, 김 주먹밥, 샌드위치 주먹밥 등등이 있고, 한국식 김치 주먹밥까지 있다. 그렇다면 대만에서 파는 대만식 김치 주먹밥은 대만 것인가, 한국 것인가? 카페에서 아메리카노를 주문했더니 흑커피가 맞느냐고 반문했다. 아메리카노를 '흑커피'라는 중국어로 정착시켰다.

택시 기사에게 대만 음식을 칭찬하니 그는 종류가 많다는 점을 자랑

쌀밥으로 싸면 주먹밥(飯糰)이 되고, 전병으로 싸면 대만식 춘권인 윤병(潤餅)이 된다. 왼쪽 사진은 윤병 만드는 모습.

했다. 심지어 큰 만두가 작은 만두를 싸고 있다는 만두(大包包小包), 큰 곱창이 작은 곱창을 싸고 있다는 곱창(大腸包小腸), 큰 빵이 작은 빵을 싸고 있다는 이름(大餅包小餅)의 음식도 있다고 했다. 포용하고 용서하고 감싸는 대만인들의 이미지를 환기하는 먹거리들이다.

예부터 우리는 강과 산을 경계로 그들과 나뉘었다. 수천수만 년 인류 역사가 만들어낸 자연스러운 결과이다. 단지 산 너머 강 건너 저쪽에 산다는 이유만으로 그들이 되고 또 우리가 된다. 단일 정체성을 내세우며 억지를 부리는 나라는 많다. 하지만 세상 어디에도 정체성이 단일한 국가는 없다. 나아가서 순수하게 내 것은 물론 우리 것도 없다.

일본 사상가 가라타니 고진(柄谷行人)은 일본이 중국에서 먼 거리에 있었기에 독자적으로 발전할 수 있었다고 말한다. 중원에서 멀리 떨어졌기에 그 나름대로 상상력을 충분히 발휘할 수 있었다는 것이다. 대만도 일본처럼 바다 건너에 있다는 지리적 이점 덕분에 상상력을 충분히 발휘할 수 있었다. 그만큼 정답을 강요받을 기회가 드물었다. 대만 음식에서 그만큼의 상상력을 본다.

대만 지도

대만 지도 모양의 볶음밥(炒飯)

대만 동해   대항해시대 대만의 펑호(澎湖)

대만의 역사를 살펴보면 고개를 끄덕이게 된다. 원주민부터 네덜란드, 스페인, 복건, 객가, 일본, 1945년 일본 패망 이후 대륙에서 건너온 외성인 등과 함께 최근 주로 동남아에서 들어오는 신이주민의 문화가 이어지고 겹친다. 종교도 원주민 신앙, 마조 신앙, 기독교, 유교, 불교, 도교 등이 독립적이면서도 복합적으로 공존한다.

얽히고 설키는 대만 역사 이해에 TSMC가 소재하는 신주시(新竹市)가 중요하다. 원주민과 한족 교류의 역사뿐 아니라 세계화와 도시화를 압축적으로 보여주고 있다. 그중에서도 베이푸(北埔) 마을은 원주민-객가인 접경 지대로서 당시 모습을 고스란히 간직하고 있다.

대만문화는 인간의 모든 감정이 표출되고, 이익을 향해서 끝장 투쟁을 경험했던 사람들만이 만들어낼 수 있는 결과물이다. 대만인들은 서로 관용을 베풀고, 포용할 수밖에 없다는 것을 잘 안다. 린밍더 교수는 대만이 다민족 다문화 사회로서 상호 존중하는 원칙만큼은 지키고 있음을 자랑했다. 만두와 주먹밥을 볼 때마다 그 말이 떠올랐다. 이 두 가지 음식은 대만의 포용을 압축적으로 보여주는 표상이다.

9) 자조찬(自助餐)

자조찬은 정확하고 정직한 대만 음식문화를 보여준다. 자조찬을 먹을 때마다 낭비가 없기에 기분이 좋다. 대만 가정식 뷔페라고 할 수 있다. 작은 식당은 20~30종, 큰 식당은 30~40종의 반찬을 제공한다. 그중에서 자신이 먹고 싶은 반찬을 골라서 먹는다. 국은 기본적으로 제공되고, 밥은 흰밥이나 흑미 밥 또는 고구마 밥을 선택할 수 있다. 고기와 생선과 채소 반찬 종류가 몇 가지씩은 되고, 조리방법도 굽고, 튀기고, 조리고, 찌고, 볶아서, 자신의 기호대로 골라 먹을 수 있다. 먹을 때마다 고마운 마음을 금할 수 없다. 자신이 먹고 싶은 것을 콕 찍어서 그것도 먹을 만큼만 골라 담을 수 있기 때문이다. 반찬 종류와 무게에 따라 계산한다.

무엇보다도 가격이 정확하다. 손님이 고른 만큼 저울에 달아서 가격을 잰다. 대만의 절도를 보여주는 또 하나의 장면이다. 과일도 채소도 무게를 달아서 팔고, 커피도 원샷과 투샷은 정확하게 가격이 다르다. 바나나나 파파야 같이 숙성의 정도가 중요한 과일은, 팔기 전에 반드시 언제 먹을 거냐고 묻는다. 오늘 먹을 것은 잘 익은 것으로, 내일 먹을 것은 조금 덜 익은 것으로 골라준다. 이런 흐름은 대만 군밤장수의 서비스까지 연결되어 있다. 군밤만 파는 것이 아니라 군밤을 쉽게 깔 수 있는 작은 스

지은이가 골라 담은 자조찬(自助餐)

과일 주스 가게 메뉴

군밤 장수

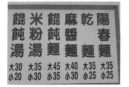
국수의 대소를 선택할 수 있는
주문표

칭화대학 식당 안내 표지판

푼을 주는 것도 잊지 않는다. 옥수수를 팔때는 소금
물에 한번 적셔 줄까를 묻는다. 횡단보도나 교차로
의 신호등 모두 초단위로 남은 시간을 표시해준다.
곳곳에서 합리주의를 느낀다.

대만 식당에서는 주문하고, 식사하고, 계산하
고, 나오면 기분이 좋다. 너무나 당연하지만 내가
선택하지 않는 반찬에 돈을 낼 필요는 없다. 한 접
시 더 먹으면 한 접시만큼의 돈을 더 내야 한다. 공
짜가 없는 대신에 덤터기도 없다. 국수나 탕 등 대
부분의 메뉴가 대소(大小)를 선택할 수 있으며, 식
당에서 1인분은 안 된다는 말도 들어본 적이 없다.
말만이 아닌 실제로 손님이 기준이고 잣대가 된다.

대학 안에 식당이 많다. 대학 밖에서 먹을 수 있
는 음식부터, 서비스가 좋은 중급 식당까지 다양하
다. 대학 내에 이렇게 다양하고 저렴한 먹거리가 있
다는 사실은 자못 중요하다. 한창 때의 젊은이들에
게 이보다 더 중요한 것이 있을까?

중국이나 홍콩이나 대만은 대학 안 모든 건물에
식당이 있다고 해도 과언이 아닐 정도로 식당이 많
다. 메뉴도 매우 다양하여, 교내에 양식당도 있다.
내가 머문 칭화대학도 마찬가지였다. 작은 음식점들이 한국 백화점 지하
푸드 코트처럼 많아서 학생들에게 충분한 선택권을 주고 있었다.

어느 날 점심을 먹기 위해 들어선 학생 식당에서 메뉴를 대충 세어 보
았다. 큰 식당 안에는 작은 식당이 25~30개 정도가 있다. 한 식당에 메뉴

가 10~30개 정도(볶음밥도 18종이나)된다. 한 번씩만 먹어도 1년은 걸릴 것이다. 그중에서도 제일 긴 줄은 역시 자조찬 식당이었다. 학교에서 생활하는 교수들이나 학생들이 많다. 저렴한 가격에 수백 가지 메뉴를 선택할 수 있는 식당이 옆에 있다는 생각만 해도 행복하다.

청화대학 학생식당 카레돈가스
(咖哩炸豬排)

2016년 EBS TV「세계테마기행」대만 편을 촬영할 때 편의점에서 군고구마를 파는 장면에 신선한 충격을 받았다. 군고구마와 어묵이라는 먹거리에 대한 향수는 우리에게만 있는 것이 아니었다. 군고구마와 구운 소세지, 어묵, 달걀을 찻물에 삶은 차예단(茶葉蛋)을 파는 대만 편의점이 정말 부러웠다.

편의점 군고구마

햄버거는 대만 젊은이들에게도 인기다. 피자 광고 전단도 매일 사 보는 신문에 끼워져 있다. 이는 지구촌에서 문화적 다양성이 사라지고 있는 현실을 보여주는 것이다. 학교 햄버거 가게 앞에는 알바생을 모집한다는 광고 플래카드가 한 학기 내내 걸려 있었다. 아르바이트하는 젊은이를 흔히 볼 수 있다.

편의점 차예단(茶葉蛋)

대만 젊은이들 역시 고민이 많다. 취업과 주택 문제가 고민의 1순위를 차지한다. 그들은 안정적인 대만에서 취업할 것인지, 조금 더 대우받을 수 있는 대륙으로 갈 것인지, 정부 지원으로 창업할 것인지, 아니면 부모와 함께 일할 것인지 등등의 고민을 하고 있다.

문예청년과 구직 포스터

10) 버블티(珍珠奶茶)

대만 풍경은 점심시간이 끝난 뒤 테이크아웃 전문 카페 앞에서 다시 바뀐다. 많은 사람이 거기서 주문한 차가 나오기를 기다린다. 어떤 가게에서는 수십 명이 기다리기도 하는데, 아무리 작은 가게라도 대기자가 몇 명은 된다. 대만 친구에게 '너희는 식사하고 나면 반드시 차를 마셔야 하느냐'고 놀리듯이 물었다. 그러자 그 친구가 '반드시, 반드시'라고 힘주어 대답해서 놀란 적이 있다. 차를 마시는 습관이 그만큼 보편적이다.

버블티는 대만의 이런 차 문화에서 탄생한 발명품이다. 홍차에 우유가 들어가고, 다시 진주처럼 생긴 타피오카가 들어간다. 중국어로는 '진주 밀크티(珍珠奶茶)'라고 한다. 메뉴를 보면 종류가 대단히 많다. 녹차나 우롱차(烏龍茶)를 바탕으로 해서 만들기도 하고, 진주도 선초(仙草)나 커피 맛이 나는 것 등으로 다양하다. 기본적으로 컵이 매우 커서 양이 적은 나는 온종일 목을 축일 수 있었다.

춘수이탕 국가음악당 지점 버블티

플라스틱 제한 홍보

물론 스스로 버블티 '원조'라고 주장하는 곳이 한두 군데가 아니다. 법정 다툼까지 한 곳이 타이중(台中)의 춘수이탕(春水堂)과 타이난(台南)의 한린다관(翰林茶館)이다. 10년 소송 끝에 법원은 버블티가 누구도 특허권을 주장할 수 없는 새로운 음료라고 판결했다.

초기에는 대만의 학교 부근이나 야시장을 중심으로 인기를 끌었다. 그러다가 점차 원래 차를 좋아하는 문화권인 홍콩과 일본에서 유행으로 자리 잡았다. 이후 한국을 비롯한 전 세계로 퍼져 나갔다.

선초 라떼

세상만사 모든 일이 그러하듯 버블티 유행은 대만인들에게 새로운 문제를 낳았다. 워낙 많은 사람이 마시다 보니 배출되는 플라스틱 컵과 빨대의 양도 엄청나게 많아졌다. 이것이 사람들에게 환경 문제에 관한 의식을 자극했다. 유리나 쇠 또는 종이로 만든 빨대가 나오게 된 배경이다.

유리 종류 분리수거

대도시 일부 지역에 분리수거가 시행되지만, 아직 대만 전역에 정착되지는 않은 것 같다. 대만은 먹거리가 많고 포장 문화가 발달해서 비닐봉지를 많이 사용한다. 한국이 플라스틱 사용량 1위 국가라는 기사를 본 적이 있다. 대만과 상위권을 두고 다툴 것 같다. 대만 어느 도시는 비닐과 광고지를 가져오면 격려금을 준다고 홍보하기도 했다.

공원 바닥의 금연 표지

지방 정부가 쓰레기 문제를 당면 현안으로 생각

쓰레기를 함부로 버리지 말라는 경고

향을 만드는 가게

캠퍼스 내 자전거 주차장

하고 있음을 알 수 있다. 대학 주변 골목에는 쓰레기 무단 투기를 꾸짖는 경고장이 붙어 있다. 앞으로 환경보호나 분리수거에 대한 요구 수준이 가파르게 높아질 것이다.

대만인들은 일상적으로 사원에 가서 향을 사르고 종이돈을 태운다. 종이돈으로만 한 해에 130억 대만달러(한화 5천억)가 든다. 물론 공기가 오염된다. 종이돈을 태우지 않고 그 돈을 다른 좋은 일에 쓰자고 주장하는 사람이 많다고 한다.

캠퍼스에 자전거가 많이 보인다. 시청에서 운영하는 자전거 대여 시스템도 돋보였다. 친환경 교통수단으로 자전거를 탈 수 있는 환경을 만들기 위해 노력한다. 한국과 마찬가지로 원자력 발전에 대한 의견도 찬반이 극단적으로 대립한다. 정당 간에 첨예한 대립을 보이는 쟁점이기에 국민투표에 부쳐진 적도 있다.

11) 강절 요리(江浙菜)

국민당 최고지도자였던 장제스의 고향은 절강성(浙江省) 평화현(奉化縣)이다. 그는 당연히 고향 음식을 좋아했다. 지도부 역시 장제스와 같은 고향 출신이 많았다. 권력이 있는 곳에 돈이 따라온다고 했던가. 일본 제국주의가 물러가고 새로운 지배 세력인 국민당이 등장했고, 그들의 구미에 맞는 강절 요리(江浙料理) 전문 식당이 하나둘씩 늘어났다. 강절 요리는 강소성(江蘇省)과 절강성의 요리를 말한다.

먹는 것을 보면 그 사람을 알 수 있는데, 음식 습관처럼 무서운 것도 없다. 대만의 고급 식당은 대부분 '강절 요리'라는 부제를 붙여둔다. 고대 오(吳)나라와 월(越)나라의 지역이기에 '오월(吳越) 요리'라고도 한다. 이 지역을 '어미지향(魚米之鄕)'이라고 부르는데, 물고기와 쌀이 많이 나는 부자 동네라는 뜻이다. 재료가 좋으니 양념과 조리법은 그다지 신경 쓸 필요가 없다.

건륭제가 '천하제일 요리'라고 했다는 물고기 탕수육인 쑹수어(松鼠魚)와 '항주' 하면 떠오르는 물고기 간장 조림인 시후추어(西湖醋魚)가 강절 요리 대표 메뉴다.

대만 중부 대도시 타이중(台中)의 간베이(乾杯) 식당이 운영난으로 결국 문을 닫았다는 뉴스가 전해졌다. 오래된 식당이 문을 닫는 일이 잦아졌다고 한다. 대만에 도착하고 나서 며칠 뒤에 린밍더 교수에게 연락했더니 강절 요리 식당인 지핀쉬안(極品軒)으로 오라고 했다. 택시 기사는 그 식당이 오래 버틸 수 있을까 하고 걱정했다.

오래된 식당의 생존이 쉽지 않은 것은 무엇보다도 건물 임대료 상승 때문이다. 더불어 '객권(客圈)'이라는 고객층이 갈수록 얇아지기 때문이

지핀쉬안(極品軒) 천리룽(陳力榮) 사장이 써 준 서예작품

지핀쉬안의 시후추어(西湖醋魚)

지핀쉬안의 동파육 야채밥

천리룽 사장이 낙관하는 모습을 지켜보는 린밍더 교수,

다. 기사의 말에 따르면 백년 식당은 부모가 자식을 데리고 다녀서 살아남았다. 하지만 대만 청년들 역시 햄버거나 피자집으로 발길을 돌린 지 오래라고 한다. 홍콩 딤섬 식당들도 어려움을 이겨내려고 퓨전을 선택하고 있다. 신세대가 좋아할 만한 기발하고 앙증맞은 딤섬이 등장했다.

세대 차이는 대만에서도 쟁점이 되고 있다. 그런 조짐은 젓가락질에서도 볼 수 있다. 한 학기 강의가 끝날 즈음 학생들에게 밥을 사기로 했다. 식사 중에 고등학교 국어 교사인 대학원생이 젓가락질을 못 하는 모습이 눈에 들어왔다. 조금 의외의 장면이어서 농담 반 진담 반으로 다음 주까지 제대로 못 하면 F학점을 주겠다고 했다.

대학 앞 철판구이 식당에서 낯선 사람들과 함께 둘러앉아 같이 밥을 먹었다. 그들의 젓가락질하는 손을 유심히 지켜보았다. 내가 보기에 한국 젊은이들은 얼추 과반수가 젓가락질을 제대로 하지 못한다. 대만도 그렇게 낙관적인 상황은 아니었다. 여러 명이 젓가락질을 제대로 하지 못했다.

이제 젓가락질이 중국인을 포함한 동아시아인을 규정하는 조건은 아닌 모양이다. 앞으로 젓가락질이 동아시아문화를 대표한다고 말할 수 없을 것 같다. 젓가락질은 세대 구분을 상징한다. 외동 자녀를 키우는 부모들의 과잉보호 탓도 있다. 대만 친구는 어설픈 서구사상의 영향이라고 했다. 젓가락질 포기를 개인 의사 존중으로 받아들였다는 것이다. 서구식 민주주의에 대한 완벽한 오해라고도 했다.

누구는 젓가락질 정도는 제대로 할 줄 알아야 한다고 하고, 누구는 젓가락질 따위 못 하면 어떠냐고 할 것이다. 어쨌든 젓가락질을 제대로 할 줄 아는 사람의 수는 점점 줄어든다. 언젠가는 학교 전통문화 실습 시간에 배워야 할지도 모르겠다.

강절 요리 중 대표인 시후추어를 맛보면서 린밍더 교수의 말을 들었다. 은퇴한 지 10년 된 선생은 그동안 네 권의 책을 냈다. 그것으로 이미 가르침이 충분한데, 정신이 번쩍 들 만한 말을 했다. "인문학자는 나이가 들수록 생각이 깊어지고 다른 지혜가 생긴다. 그러니 공부를 게을리하지 말고 꾸준히 글을 써라."

선생은 식당 바로 옆에 있는 충칭남로(重慶南路)에서 서점이 많이 사라졌다며 걱정했다. 식사 후 혼자 그 유명한 산민서국(三民書局)과 스제서국(世界書局)을 돌아보았다. 충칭남로에는 한때 1백 군데가 넘는 서점이 영업했는데, 지금은 스무 군데 정도만 남아 있다.

임대료가 매우 비싼 도심에 그렇게 많은 서점이 버틸 수 있었던 비결은 무엇일까? 우선 문화에 대한 대만인들의 사명감을 꼽아야 할 것이다. 중국인으로서 대만인들의 숭문(崇文) 의식이 큰 역할을 했을 것이다. 대

충칭남로. 우측에 산민서국이 보인다.

만 서점들은 문학, 역사, 철학 등 인문학을 숭상하
는 중국 전통문화의 아이콘이라고 생각한다.

아무리 그래도 한 동네에 1백 군데가 넘는 서점
이 있었다니, 그저 신기하기만 하다. 그 서점들이
수요와 공급 법칙이 적용되는 곳이었을까 하는 의
심이 들 수밖에 없다. 책을 사는 사람들이 있어야
유지될 텐데 1백 군데가 넘는 서점이 어떻게 살아
남았을까? 당연히 보이지 않는 손이 작용했다. 바
로 국민당 정부였다. 정부의 출판 지원 정책이 서점
을 살렸다.

샹우인수관(商務印書館), 충칭
남로

국민당은 대륙에서 패배한 이유 중 하나가 선전
전에서 공산당에 밀렸기 때문이라고 보았다. 두 번
패배는 있을 수 없었기에 대만에서는 선전전에 총
력을 기울일 수밖에 없었다. 당연히 그 중심에는 중
국 전통이 있었고, 제자백가 사상은 매우 중요한 버
팀목이었다.

중국 전통의 회복만이 외래 사상인 사회주의 확
산을 막아주리라 믿었다. 국민당은 전통 사상을 확
산하고자 중국 고전의 출판과 보급에 힘썼다. 결과
적으로 시내 한복판에 서점 문화 꽃을 피웠다. 선생
은 내게 강절 요리 식당과 대만 특유의 서점 문화를
함께 보여주고 싶었을 것이다.

12) 일본 요리(日本料理)

대만의 일본식당 수준에 감동했다. 이후 대만에 가는 친구들에게 일본식당에 꼭 들러보라고 열심히 추천하고 있다. 나는 일본에 관심이 많다. 일본 여행도 좋아한다. 특히 정체성 갈등을 공부하는 사람으로서 한국에서 일본이 어떻게 소비되고 해석되는지를 지켜보고 있다. 당연히 대만에서도 일본이 어떻게 수용되었고, 되고 있는지를 흥미롭게 살펴보았다.

일식당의 음식들

청나라는 청일전쟁의 패배로 대만 섬을 일본에 영원히 할양했다. 결과적으로 대만은 1895년부터 1945년까지 50년간 일본의 지배를 받았다. 대만 대통령인 총통(總統)의 집무 공간을 '총통부(總統府)'라고 한다. 이 건물(당시 총독부)은 일본 식민지 시절인 1919년에 완공되었으니, 2019년은 정확하게 1백 주년이었다. 이를 기념하고자 대만 정부는 총통부 설계자의 손자를 초청했다. 그가 이렇게 말했다.

할아버지도 당신이 가장 행복한 설계사라고 자랑스럽게 생각하실 겁

대만 총통부 전경

니다.

만약에 어떤 일본인이 한국에 와서 이런 말을 했다면 어떻게 되었을까? 정부가 초청이나 했을까? 신문에 보도는 되었을까? 부총통이 그를 접대하면서 이렇게 말했다.

총통부는 오랜 시간 권위의 상징이었지만, 대만의 민주화 이후 멀리서 바라보는 데서 그치지 않고, 국민과 매우 친근하게 되어서 이제 국민의 총통부가 되었습니다.

총통부 설계자의 손자는 총통부가 지금까지 완벽하게 보존되고 활용되고 있다는 사실에 놀라움을 표시했다. 그는 대만의 도시화가 급속하게 진행되는 와중에도 옛날 건축물을 아끼는 대만인들의 자세에 감명 받았다고 했다. 총통부만이 아니라 그의 조부가 설계한 타이베이 시청과 타이베이 호텔도 그대로 남아 있다.

어떻게 이런 일이 가능했을까? 일본인이 설계한 총통부가 어떻게 살아남았을까? 나아가 금덩어리만큼 비싼 땅인 타이베이 중심에 건재할 수 있을까? 이런 질문은 다양한 각도에서 대만을 분석하는 키워드가 되고, 대만을 이해하는 중요한 경로가 된다.

흔히 대만에는 중국의 우량 전통과 일본의 장점이 남아 있다고 한다. 일본 통치 시기에 세워진 총독부의 건물도 신주의 시청도 법원도 기차역도 지금까지 그대로 사용된다. 타이베이나 신주뿐 아니라 전국에 많이 남아 있다. 그대로 사용하거나 리모델링했다. 신주 기차역은 작지만 아름

신주 시청

신주 기차역

다운 건물이다. 주변 창고를 문화창의 산업 개념에 따라 철도예술촌으로 만들었다. 기차역 앞에는 일본 자본으로 세워진 소고 백화점이 있다. 묘한 감회를 자아낸다.

신주시 베이푸(北埔) 초등학교의 일본식 직원 숙소도 원래 모양 그대로 보존되어 있다. 최근 그 건물을 대만 작가인 룽잉쭝(龍瑛宗) 문학관으로 리모델링했다. 일본 통치기에 지었다는 아름다운 건물을 둘러보면서 대만 친구에게 일본 건물을 잘 보존했다고 하자, 그는 일본 것이기에 보존한 것이 아니라 아름다운 건축물이기에 보존했다고 대답했다. 만약 그 기념관을 방문한다면, 리모델링된 유리창을 유심히 살펴보기를 바란다. 유리를 모두 새것으로 바꾼 것이 아니고, 원래 깨끗한 유리는 그대로 두고 파손된 것만 교체했다. 더욱이 아이들의 낙서가 있는 유리창을 그대로 보존한 것을 보면 대만인들의 생각에 탄복을 금할 수가 없다.

지금은 전시관으로 사용되고 있는 신주 법원 건물

대만인들의 생활 언어에도 일본 흔적이 많이 남아 있다. 도시락이라는 의미 '벤당(便當)', 가족이라는 의미 '친쯔(親子)', 된장이라는 의미 '웨이쩡(味噌)' 등등의 일본어를 그대로 사용한다.

대학원생이나 대만인들을 만날 때마다 일본을 어떻게 생각하는지 물어보았다. 대답은 한결같았다. '싫든 좋든 우리 역사다. 역사는 지울 수 없다'고 했다. 대만인들은 공개적인 장소에서 일본의 장단점에 대해 토론했다. 일본에 대해 토론할 수 있는 사회이다. 타이베이 택시 기사도 그런 말을 한 적이 있다.

"역사는 역사일 뿐이다."
"그것은 실재한 사실이다."
"우리가 지운다고 해서 지워지는 것이 아니다."

역사를 철저하게 현실로 객관적으로 바라본다. 대만에서는 일본이 남긴 역사도 사업 아이템으로 자연스럽게 활용하고 있다. 그렇게 해서 역사는 지금 대만인들의 생활과 연결되어 있다. 그것이 일본이 남긴 문화라고 해도 그저 이윤 추구에 좋은 아이템에 불과하다. 일본인이 남긴 빵이나 과자가 각지의 버킷 리스트가 된 지 오래이다. 인기리에 팔리는 빵과 과자의 상당수가 일본인들이 남긴 흔적이다.

대만 음식 이야기를 좀 더 하려면 국민당을 거론해야 한다. 1945년 8월 15일 일본이 항복하고, 국민당 정권이 대만을 접수했다. 대만인들이 보기에는 어느 날 갑자기 통치 주체가 일본에서 국민당으로 바뀐 것이다. 당연히 양자는 사사건건 비교되었다. 결과적으로 국민당과 대만인들의 관계는 매우 미묘하다. 국민당을 바라보는 대만인들의 시선도 매우 복잡하다.

2016년 2월, 「세계테마기행」 대만 편을 찍을 때의 이야기다. 타이둥(台東) 중심가의 허름한 호텔 사장은 국민당에 대해 엄청난 비판을 쏟아냈다.

"일본이 통치할 때는 그래도 잘 먹고 잘살았다. 그들에게 대항하지만 않으면 기본적인 생활이 보장되었다. 그런데 국민당이 대만으로 오고부터는 삶이 팍팍해졌다. 그들은 우리에게서 모든 걸 빼앗아갔다."

근대 대만과 일본의 음식 교류
국제세미나 포스터

그 순간, 내 귀를 의심했다. 일본의 통치를 긍정적으로 말한 것이다. 어떤 대만인이냐에 따라서 이 말은 사실일 수도 있고, 거짓일 수도 있다. 일본 통치기 일본에 피해를 본 사람에게는 거짓일 테고, 국민당 통치기에 큰 이익을 본 사람에게도 거짓일 테니까 말이다.

일본 통치를 긍정적으로, 국민당 통치를 부정적으로 보는 것은 3백~4백 년 전부터 대만에 살던 중국인 본성인(本省人)의 보편적 시각일 수 있다. 이것이 1945년 일본으로부터 해방된 뒤에 대만을 접수하고, 그들을 핍박했던 외성인(外省人)에 대한 감정이다. 그때부터 본성인과 외성인의 정체성이 형성되었다.

다시 말해서 본성인은 수백 년 전부터 온갖 위험과 난관을 극복하고 대만에서 자리 잡은 사람들이다. 외성인은 1945년 일본이 패망하고 국민당이 대만을 접수하면서 대륙에서 건너와 갑자기 나타난 사람들이다. 본성인이 외성인을 타자화하는 현상은 어쩌면 당연한지도 모르겠다. 본성인이 볼 때 외성인은 굴러 온 돌이다.

대학원생 중 한 명은 회사를 경영하다가 중단하고 다시 공부를 시작했다. 그는 국민당 때문에 밥도 제대로 못 먹고 자랐다고 했다. 농민이었던 부친이 수확물을 헐값에 강제로 공출당했기 때문이다. 그는 지금도 국민당에 대해 좋지 않은 감정을 품고 있다. 당연히 진보적인 민진당을 지지한다.

가난했던 어린 시절 도시락 반찬은 초라하기 짝이 없었다. 그 슬픈 기억 때문에 그는 지금도 도시락(便當)을 사 먹지 않는다. 국민당의 공출로 지지리도 가난하게 살았고, 지금도 도시락 먹기를 꺼리는 그 대학원생의 심정에 공감한다.

물론, 국민당을 옹호하는 변명도 있다. 당시 국민당은 전쟁 중이었다. 1945년 일본의 항복 선언과 함께 국민당과 공산당의 합작 관계가 무산되고, 중국 전역은 다시 내전 상태로 들어갔다. 1949년까지 4년간 내전의 결과로 국민당은 수세에 몰렸고, 대만으로 철수할 수밖에 없었다. 그동안 수백만 명의 군인을 먹여 살려야 하는 백척간두 위기에 내몰렸다. 그 부담은 그나마 평화 지역이라고 할 수 있는 대만에 거주하던 사람들 몫이 될 수밖에 없었다.

13) 대만 요리(台灣料理)

중국, 홍콩, 대만은 물론이고 세계 어디나 중국인들이 사는 동네에서는 점심과 저녁도 그렇지만 아침을 맛있고, 간편하고, 싸게 먹을 수 있다. 중국인 동네에는 국수, 만두, 죽(粥), 전병(煎餅) 등을 파는 곳이 반드시 있다.

사람이 잘 산다는 것은 무엇일까?

청나라 말기에 권력자 이홍장(李鴻章)은 매끼 방금 잡은 닭 두 마리를 식탁에 올렸다. 청말 민국초의 거물 원세개(袁世凱)도 매끼 모든 고기를, 즉 닭고기, 오리고기, 돼지고기, 양고기, 생선 등을 갖추어 먹었다. 서태후(西太后)는 식사를 전담하는 인원만 1천 명을 두었는데, 간식에만 3백여 명이 매달렸다고 한다.

권력이나 돈은 음식과 불가분의 관계에 있다. 어찌 보면 잘 먹는 것은 잘 사는 것만큼이나 중요하다. 잘 먹고 잘 사는 것은 동서고금을 막론하고 인간의 궁극적 목표라고 해도 틀린 말이 아니다.

'잘 먹는다'는 말을 들으면 곧바로 중국인을 떠올릴 만큼, 그들은 음식에 일가견이 있는 사람들이다. 문화적으로 중국인으로 볼 수 있는 대만인들도 잘 먹는다.

음식에는 무엇보다도 기후와 지리가 중요하다. 그 지역에서 생산되는 재료가 기본이 되고, 그 위에 역사와 문화가 더해진다. 매서운 추위는 없지만, 대만에도 기본적으로 사계절이 있고, 남쪽과 북쪽, 그리고 평지와 고산의 기온 차가 크다. 다양한 식물이 자라고, 해산물이 풍부하다. 대만의 먹거리가 다양하고 풍부한 이유는 무엇보다도 날씨와 지리이다.

서민이 쉽게 접할 수 있는 먹거리가 중요하다. 식당마다 전문 분야가 있고, 대표 음식이 있다. 대학원생 한 명은 음식에 조예가 깊었는데, 대만에 간식 종류가 다양한 이유가 날씨 덕분이라고 했다. 원래 복건성(福建省)이나 대만은 더운 곳이어서 음식 관리가 어려워 하나만을 잘 만들고, 그것을 지키려고 노력했다는 것이다. 실제로 대부분 식당에 전문 메뉴가 있고, 대표 메뉴에서 가게 주인의 강한 자부심이 느껴진다.

사실, 대만에는 요리가 없다. 정통 중국 요리 관점에서 보면, 대만에는 인정해줄 만한 요리 체계가 없다는 뜻이다. 중국에는 지역을 기준으로 북경 요리(京菜)와 광동 요리(粤菜) 등 9대 요리가 있다. 모두 그 지역의 기후와 풍속이 고스란히 녹아 있어 지역인들의 자부심이 대단하다.

하지만 '대만 요리'가 무엇이냐는 내 질문에 대만인들은 하나같이 난색을 표했다. 대만 요리 체계를 운운할 만큼 역사가 길지 않기 때문이다. 대만에서 중국인 역사는 3백~4백 년밖에 되지 않는다.

물론 대만인들이 '대만 요리'라고 부르는 것이 있다. 전문가들은 넓은 의미의 대만 요리를 원주민, 네덜란드인, 스페인인, 중국인(복건, 객가, 광동), 일본인, 그리고 나머지 모든 서양인의 음식 문화로 정의한다. 좁은 의미로는 대만 인구 70% 정도를 차지하는 민남인(閩南人)의 요리를 가리킨다. 대만 요리는 특별한 것이 없고, 중국 각 지역 요리의 혼합이라고 말하기도 한다.

간혹 '대만 요리 전문'이라고 표시해놓은 식당도 보인다. 타이베이 번화가인 중산북로(中山北路)의 '칭예(青葉)'라는 대만 요리 전문 식당 메뉴를 보면, 전복 샐러드(鮑魚沙拉), 오징어 완자 튀김(花枝丸), 탕수 새우(茄汁明蝦), 숭어알 볶음밥(烏魚子炒飯), 돼지 간 부침(香煎豬肝) 등이 제일 먼저 눈에 들어온다. 재료는 주로 해산물이고, 조리법을 굳이 따진다면 '중국식'이라고 할 수 있다.

그래도 진짜 대만 '본토 요리'가 있을 것 아니냐는 나의 다그침에 친구들은 굴 국수(蚵仔麵線), 굴전(蚵仔煎), 생선 튀김을 올려주는 걸쭉한 국(土魠魚羹), 닭고기덮밥(雞肉飯), 청어과 생선죽(司目魚粥) 등을 들었다. 굳이 소유권을 따지자면 대만의 한족과 평지에서 농사짓던 원주민인 핑푸족(平埔族)을 원조라고 해야 한다.

청예(青葉) 식당 대만 요리 메뉴

원주민 음식이 진정한 대만 요리가 아닐까? 장조림 덮밥과 마찬가지로 가장 대중적인 음식이라고 할 수 있는 찰밥(米糕)이 있다. '찰밥'이라는 의미의 눠미판(糯米飯) 또는 죽통밥인 퉁짜이판(筒仔飯) 등으로 불리기도 한다. 인류가 밥을 먹기 시작하면서부터 먹었을 법한 찐 찹쌀밥이다. 죽통에 넣어서 찌기도 해서 '죽통밥(筒仔飯)'이라고 부른다. 지금도 여기저기서 쉽게 맛볼 수 있는 음식이다.

찹쌀밥(筒仔飯)

홍콩에 거주하는 대만 출신 배우 린칭샤(林青霞)가 오랜만에 고향 타이베이에 왔다. 그녀에게 금마장상 여우주연상을 안겨준 영화 「곤곤홍진(滾滾紅塵)」의 디지털 복원을 기념하기 위한 발걸음이었다. 1940년대 일본 점령기 상하이를 배경으로 전쟁과 사랑, 그리고 이별을 그린 영화다. 양안삼지(兩岸三地, 중국, 홍콩, 대만) 중국인들에게는 영원한 아픔일 수밖에 없는 이야기이다.

영화 공식행사에만 참석하고 내내 호텔에 머물던 그녀가 드디어 밖으로 나왔다. 고향음식을 먹고 싶어 단골식당을 찾았다는 것이다. 그다음 날 나는

영화「곤곤홍진」포스터

타이난 차이선 지게면 식당의 음식들

혼자 화산예문특구(華山藝文特區) 영화관에서「곤곤홍진」을 보고 그 식당을 찾아 나섰다. 찰밥, 장조림 덮밥과 지게면 등을 파는 대만 음식 전문 식당인 '타이난 차이선 지게면(台南財神擔仔麵)'이었다. 다시 대만을 찾는다면 제일 먼저 그 식당에 가고 싶다.

2. 걷기

1) 신베이(新北)의 임가 화원(林家花園)

대만에 도착하고 나서 며칠 뒤에 우체국에서 월급을 이체 받을 통장을 만들었다. 우체국 진열장에 전시된 귀여운 캐릭터 인형이 눈에 들어왔다. 한국에서는 보기 드문 귀여운 인형이어서 곧바로 샀다. 다니면서 보니 캐릭터가 없는 곳이 없었다. 한마디로 대만 전체가 장난기로 가득했다.

상품 포장도, 가게 로고도, 길 안내 캐릭터도 예쁘고 귀엽다. 하다못해 엘리베이터 앞에 붙인 걷기 권장 공익광고 캐릭터도 귀여워서 미소를 짓게 했다. 심지어 수유실 위치도 느낌이 따뜻한 이미지 캐릭터가 안내한다. 모두 앙증맞고, 소박하고, 실용적이다. 나는 이것을 '대만식 디자인'이라고 부르고 싶다.

착한 마음 덕분에 그런 디자인이 나오는지, 아니면 그런 디자인에 둘러싸여 살다 보니 사람들이 착해지는지 모르겠다. 카페 사장은 보는 이들에게 집과 같은 따뜻함을 주기 위해서라고 했다. 그 마음이 대만의 마음이라고 했다.

우체국 통장과 우체국에서 구입한 캐릭터 인형

도심의 인도 표지

1. 야채상 홍보 캐릭터 2. 학문을 관장하는 신령인 문창제군 캐릭터 3. 노인 우대 은행 캐릭터
4. 여름 절전 캐릭터 5. 식당 간판 6. 주점 간판
7. 루웨이 식당 8. 식당 간판 9. 루강(鹿港) 주소 표지판

귀여운 캐릭터가 많은 이유를 젊은이들은 일본 만화영화의 영향이라고 했다. 그런 마음은 공익광고 문구에도 연결된다. 엘리베이터 옆에 '나는 건강하니까 계단으로 간다'라는 광고 카피가 적혀 있다. 대학 보건소의 복사기 앞에는 '지구를 아낀다면 복사하지 마세요'라는 문구가 붙어 있다. 현금인출기 앞에는 '녹화 중이니 웃어주세요'라는 문구가 보인다. 한번은 담배꽁초 함부로 버리지 말라는 경고를 보고, '정말 대만인들은 다르구나' 하면서 감동한 적이 있다. '형(오빠)이 피우는 것은 담배가 아니라 고독이지만, 내가 치우는 것은 형(오빠)이 함부로 버린 담배랍니다'라는 문구였다.

같은 내용도 다시 생각해서 재미있고 다정하게 표현한다. 다정하게 표현하는 것은 배려하는 것이고, 배려하는 것은 선업(善業)을 쌓는 일이다. 우리가 매일 착한 일을 해야 하는 것은 그것의 파장을 기대하기 때문

신주 베이푸 지역 골목 풍경, 올라타지 마세요!

뽀뽀하면 삼겹살을 서비스로

이다. 그것이 바로 나비 효과일 것이다. 착함이 착함을 부르는 선순환 구조 덕분에 사회가 조금 더 행복해진다. 내가 착한 일을 하면 기분이 좋아지고, 착함을 받는 사람도 당연히 기분이 좋아진다. 착한 일을 하면 기쁜 일이 생긴다는 『주역』「문언전(文言傳)」의 말씀, 즉 "적선지가 필유여경(積善之家必有餘慶: 선한 일을 많이 한 집안에는 반드시 경사가 넘쳐난다)"이 그냥 만들어진 문구가 아니다.

타이베이에서 여기사가 운전하는 택시를 탄 적이 있다. 그녀는 대만에서 가장 아름다운 것이 바로 사람들이라고 자랑했다. 나중에 알게 되었지만, 대만인들이 입버릇처럼 하는 말이라고 한다. 아름답다는 것은 친절하고 따뜻하다는 것이고, 캐릭터는 그것의 또 다른 구현이다. 대만의 캐릭터에는 조금 더 친절하고 따뜻하게 전달하고 싶은 마음이 담겼다.

대만 예술가 우마리(吳瑪悧)는 거리 풍경이나 간판 같은 것이 시민 미

임가 화원 광록제

임가 화원

학을 더욱 분명하게 드러낸다고 했다. 귀여운 캐릭터는 보는 사람에게 웃음을 선사하고, 그 웃음은 다른 사람에게 웃음으로 전해진다. 대만 사람들의 행동이 느긋하고, 표정이 밝은 데는 이런 캐릭터의 도움도 있지 않을까?

하루는 임가 화원에 갔다가 바로 이런 예쁜 공간이 수많은 대만 캐릭터의 출발점이고, 배경이라는 생각이 들었다. 타이베이 위성도시인 신베이시(新北市)에 있는 임가 화원은 부호 임씨가 1847년부터 거주한 곳으로 화원과 저택으로 구성되어 있다. 원래 효자였던 임씨가 어머니를 위해 지은 건축물이다. 이 중국 강남식 화원은 1893년에 완성되었다. 방치되었다가, 후손이 1977년 시청에 기증했고, 1982년 개방되었다.

대만에서 제일 예쁜 정원인 임가 화원은 함의와 중의의 공간이며, 전국 최대 규모의 국가 고적으로 대만 4대 정원 중 하나이다. 담벼락 조각 하나에도, 천장 그림 하나에도 의미가 숨어 있고, 구석구석에 예쁜 이미지가 숨어 있다. 어쩌면 집의 모든 구조와 장식에 남다른 의미가 숨어 있을 것이다.

그것을 제대로 찾아내면서 공부한다면, 책 몇 권 분량의 지식을 얻게 되는 인문학의 보고라고 할 수 있다. 우선 아름다움에 대한 대만인들의 기준을 알 수 있다. 더불어 대만인들이 무엇을 행복의 기준으로 삼는지도 알 수 있다. 자손 번창을 상징하는 박쥐(蝙蝠)와 석류(石榴), 완강한 생명력을 뜻하는 나비(蝴蝶), 그리고 풍족을 의미하는 호박(南瓜), 장수를 상징하는 백학(白鶴), 과거 급제를 의미하는 꽃게(螃蟹) 등을 볼 수 있다.

안채 기둥은 물론 곳곳에 대나무 그림이나 상징이 있다. 대나무 마디마디는 한 단계 한 단계 승진한다는 의미를 내포한다. 마당의 나무 하나도 허투루 심지 않았다. 본채 앞에는 가족애, 부부애, 고향 사랑 등을 의미하는 멀구슬나무(苦楝樹)를 심었다.

2) 푸허교 벼룩시장(福和橋跳蚤市場)

루쉰(魯迅)은 조상이 대대로 관료였던 집안에서
태어났다. 당연히 주위에서 대우받으며 자랐다. 그
러다가 열두 살이 되었을 때 가세가 급격히 기울었
다. 중앙 관료였던 할아버지가 과거시험 부정 사건
에 연루되면서 실형을 살게 된 것이다.

전당포

루쉰은 집안 형편이 나빠진 뒤에야 세상인심을
제대로 알게 되었다는 말을 남겼다. 아버지가 병을
앓게 되면서 상황은 더욱 어려워졌고, 마침내 전당
포 출입까지 하게 되었다. 어머니가 집에서 돈이 될
만한 물건을 골라 루쉰에게 건네주면, 그는 집 뒤에
있는 전당포에 가서 받은 돈을 가지고 다시 그 옆에
있는 한약방에 갔다.

전당포 홍보 휴지통

예전 한국의 대학교 앞에도 전당포가 많이 있었
다. 술자리에서 언제나 술값이 부족했던 우리는 돌
아가면서 전당포에 다녀왔다. 누구는 입학 선물로
받은 시계를 잡혔고, 누구는 중국어 사전까지 잡혔
다. 재미있게도, 내 기억이 맞는다면, 어떤 식당에
서는 대학생 가방까지 받아주었다. 그래도 술 마실
돈이 부족하면 마지막 식당에 학생증을 맡기고 나
왔다.

신주시에서 고속버스를 타고 타이베이에 들어
가면 곧바로 전당포 거리가 나타난다. 민쭈로(民族

오토바이 주차장

급전 광고

푸허교 벼룩시장에 나온 물건들

푸허교 벼룩시장에 나온 북한 산 산삼

路)와 충칭로(重慶路)가 만나는 곳쯤이다. 전당포 전자 광고판이 움직인다. '이자가 싸다', '비밀을 지킨다', '자동차 오토바이 담보 대출 가능' 등 광고가 손님을 끌고 있다. 대만인들은 돈이 필요하면 전당포에 간다. 전당포는 그나마 서민이 고리대금업자 등 나쁜 사람들 간계에 넘어가지 않고, 급전을 구할 수 있는 곳이다. 사회 약자가 마지막에 기댈 언덕이 전당포일 텐데, 대만은 여전히 그 관습을 존중한다.

자기 물건을 직접 팔 수도 있다. 벼룩시장에서는 돈이 되든 안 되든 사려는 사람과 직접 흥정한다. 대만 어디에나 벼룩시장이 있다. '꽃시장(花市)'이나 '옥시장(玉市)'이라는 이름으로 불리기도 한다. 그중에서도 대만에서 제일 큰 푸허교 벼룩시장(福和橋跳蚤市場)은 대만의 자랑이다. 새벽 다섯 시부터 노점이 속속 열리기 시작하는데, 낮 열두시쯤 이면 이미 파장 분위기다.

벼룩시장은 그 나라의 역사와 문화는 물론이고 사람 공부까지 할 수 있어서 나는 대만 어디를 가든 그 지역 벼룩시장을 찾았다. 대만 벼룩시장의 땅이 누구 소유인지는 법적으로 애매하다. 교량이나 고가도로 밑에 있는 것을 보면 공간을 잘 활용하는 듯하다. 종류나 규모로 볼 때 대표적인 곳이 푸허교 벼룩시장, 타이베이 건국 꽃시장(建國花市)과 옥시장(建國玉市)이다.

3) 닝샤 야시장(寧夏夜市)

대만에는 대를 이어 영업하는 식당이 많다. 어느 동네에나 생긴 지 1백 년이 넘는 식당이 있다. 그 정도 오래된 맛집은 너무 많아서 통계를 내기도 어려울 것이다. 신주시에는 청나라 광서 13년(1887)에 개업한 전통 과자집 신푸전(新復珍)도 있다.

물론 그보다 훨씬 더 오래된 역사를 자랑하는 식당도 많다. 사람들 입맛이 시시각각 변한다면, 한두 가지 메뉴로 몇십 몇백 년을 버티기는 불가능하다. 사회가 그만큼 안정되어 있어야 한다. 백년 노포에는 인심이나 물가 등이 모두 반영되어 있다. 사회 분위기가 전통과 시시각각 연결되어 있어야 한다. 이 점에서 일본과 대만은 비슷한 모습을 보여준다.

TV 뉴스에서 어느 순두부 가게를 보도한 적이 있다. 대기업에 다니는 아들이 사표를 내고 아버지에게 순두부 만드는 법을 배우고 있다는 내용이었다. 또 노점에서 평생 옥수수를 구워 팔다가 90세에 은퇴하는 할아버지의 사연이 보도된 적도 있다. 그를 한 분야 최고수를 일컫는 '사부님'이라고 불렀다.

대만에는 식당이 많다. 식당이 왜 그렇게 많은지 의문이 들 정도다. 식당의 종류나 숫자로 볼 때 외식은 국가의 중요한 산업이다. 음식 산업은 대만 경제를 지탱하는 큰 기둥임이 분명하다. 인구 5만 명이 도시를 규정하는 기준이라는 말이 있다. 5만 명이면 시로 승격될 수 있다는 의미이기도 하지만, 그 정도 인구가 모여 살면 그 도시는 저절로 굴러간다는 뜻이다. 서로 팔아주고 사주면서 살아갈 수 있다.

그중에서 음식을 만들어 파는 활동은 사람들에게 가장 쉽게 다가가는 수단이다. 대만에 식당이 그토록 많은 것은 외식이 중요한 산업이기 때문이다. '내가 당신네 만두를 먹을 테니, 당신은 우리 집 소고기면을 먹어 다오'라는 묵계가 사회 전반에 깔려 있다. 그렇게 경제가 돌아간다.

서민이 적은 돈으로 할 수 있는 일이 그리 많지 않다. 식당도 그렇고, 무엇인가를 사고파는 시장이 발달할 수밖에 없다. 새로운 메뉴를 계속해서 개발하고, 새로운 맛을 발견한다. 수요가 공급을 창출하는 것이 아니라 공급이 수요를 창출한다는 논리가 여기서 증명된다.

먹거리 종류도 그렇지만, 외식 문화도 그런 논리에 따라 정착된다. 아침부터 밖에서 소비하도록 자연스럽게 유도하는 것이다. 아침 식사를 해결할 수 있는 집이 왜 그렇게 많은지 짐작할 수 있다. 식당이 영업시간을 그렇게 엄격하게 지키고, 또 그것이 지켜지는 이유도 알 것 같다.

아침, 점심, 저녁 식사 전문 식당이 각기 다른 산업 역할을 하고 있기 때문이다. 아침 전문 식당에서 아침 식사를 해결한 사람이 점심을 준비하고, 점심 전문 식당에서 점심을 먹은 사람은 저녁에 장사할 시간을 확보한다. 이렇게 각각의 식당이 시간별로 톱니바퀴처럼 종적 횡적으로 촘촘하게 연결되어 있다.

쉼 없이 돌아가던 그 톱니바퀴가 멈추는 순간이 있다. 2월 초 설날(春節)이 다가오면 여기저기서 폭죽 소리가 들렸다. 수십 년 만에 중화 문화

대만인들이 아침 식사로 흔히 먹는 달걀 전병 (雞蛋餅)

대만인들의 전형적인 아침 식사, 달걀 전병, 넓적한 군만두(鍋貼), 콩국(豆漿)

권에서 맞이하는 음력설이었다. 막상 설날 연휴가 시작되자 숙소 근처에 영업하는 식당이 한 곳도 없었다. '햄버거로 사나흘 버텨야 하나' 하는 걱정이 앞섰다.

설날 연휴 기간 영업 공지

한편으로는 중국 최대 명절인 설날을 제대로 쇠는 대만인들이 부러웠다. 전통이 이렇게 대접받고 있었다. 만나는 사람들은 누가 먼저라고 할 것도 없이 새해 덕담을 주고받는다. 시장에서도, 회사에서도, 식당에서도, 버스에 오르면서도, 동네 사람끼리도, 심지어 지나가는 사람들에게도 '새해 복 많이 받으세요'라고 인사한다.

설날은 대만인들에게 큰 축제다. 그들은 축제를 즐길 줄 안다. 온 집안, 온 동네, 온 도시, 온 나라가 다 같이 축제의 한마당으로 빠져든다. 도시의 색깔마저도 달라진다. 집 안은 물론, 식당, 카페, 시장, 학교, 회사 등등 사적 공적 영역에 온통 빨간색 대련

돼지해 만사여의 기원 춘련

이 내걸린다. 노란색 금귤이나 탱자가 달린 나무가 집 앞과 골목, 건물 앞을 장식한다. 금귤이나 탱자는 황금색이니 돈을 많이 벌라는 기원의 선물이다. 노란색이니 그것만으로도 주는 사람과 받는 사람의 마음이 따뜻해진다.

그런 들뜬 분위기 영향으로 다시 기분이 좋아지니 축제 분위기가 다시 업그레이드된다. 축제는 설날로 끝나지 않는다. 대만에는 설날뿐 아니라 마조

돼지해 설날 축하 춘련

야시장의 인기 메뉴 대만식 소세지

축제 등 전국적인 이슈가 되는 잔치가 많다. 축제 분위기를 일 년 내내 유지하는 곳이 바로 야시장이다. 그중에서도 닝샤 야시장은 대만의 먹거리와 파는 물건 종류로 볼 때 최고로 꼽힌다. 무엇을 먹을지, 무엇을 살지 미리 검색해볼 필요도 없이 그냥 도착해서 줄이 긴 곳으로 가면 된다.

마조묘(媽祖廟)를 포함한 각종 종교 시설은 신이 아니라 사람을 위한 것이다. 사람의 생존을 위한 시설이다. 먹고살아야 하니, 돈을 벌어야 한다. 돈을 벌려면 매개인 신이 필요하다. 사람들을 불러 모아야 장사가 되니 사람들을 끌어들인 시설이 필요하고 이벤트가 필요하다.

마조묘가 사람들 생계를 도와주는 산업 시설이라면, 야시장도 거대한 산업 시설이다. 대만에는 야시장이 많다. 큰 도시에는 많고, 작은 도시에도 반드시 있다. 언제나 축제가 열리는 야시장에는 종합선물 세트처럼 모든 먹거리가 있다. 야시장은 대만을 대표하는 또 다른 상징이라고 할 만하다. 일종의 해방공간이다. 거기서는 인생 백태를 볼 수 있다. 소통의 공간이며, 스트레스 해소 공간이다. 상상할 수 있는 모든 먹거리를 파는 곳이다.

그러고 보면 대만에 왜 야시장이 그렇게 많은지 알 것 같다. 야시장 덕분에 밤에도 똑같은 형태의 산업이 작동한다. 그만큼 일자리를 창출한다. 한국의 어느 지방 도시에서 야시장 활성화 계획이 있다는 뉴스를 본 적이 있다. 서민의 생계를 위한 사업장이면서도 시민에게 놀이터를 제공할 수 있다.

모든 도시에 꽃시장과 옥시장이 있는 이유도 마찬가지일 것이다. 골동품, 희귀석, 희귀 목재, 분재, 화분, 각종 먹거리를 팔고, 게다가 마작 같은 게임도 한다. 타이베이의 꽃시장(建國花市)과 옥시장(建國玉市)을 보면, 시장이 왜 거대한 산업인지 알 수 있다.

타이베이의 라오허(饒河) 야시장 입구

4) 청핀 서점(誠品書店)

청핀 서점은 대만을 대표하는 1백 가지 이미지 중 하나이다. 대만 어느 재벌이 돈벌이보다 사회에 봉사하겠다는 마음으로 서점을 열었다. 처음에는 책을 진열할 서가보다 소파 같은 고객 편의 시설에 더 신경 쓸 정도였다.

이 서점은 여전히 대만 서점 문화를 선도한다. 사실 세계 서점 문화를 바꾸었다고 할 수 있다. 최근 한국의 대형 서점들도 변신을 꾀하고 있지만, 청핀 서점에 들어서면 서점인지, 옷 가게인지, 팬시 가게인지, 카페인지 모를 정도로 다양한 상품이 전시되어 있고, 공간이 구성되어 있다. 한눈에 매우 창의적인 공간임을 알게 된다. 포용 정신이 없다면 나올 수 없는 아이디어로 설계한 서점이다. 전국 곳곳은 물론 홍콩, 도쿄 등에 있는 청핀서점은

청핀 서점

청핀 서점 타이베이 신이점

젊은이들의 데이트 장소로도 인기가 높다. 대만 곳곳에 크고 작은 서점이 많다. 수적 우세와 형태의 다양성으로 볼 때 서점은 대만을 대표하는 또 다른 이미지이다.

타이베이의 린위탕 옛집(林語堂 故居) 표지판

국립 칭화대학 정문 앞에는 대륙에서 출판된 책을 전문으로 취급하는 '뤄수이탕(若水堂)'이라는 서점도 있다. 중국인이라면 '최고의 진리는 물과 같다'는 의미인 '상선약수(上善若水)'라는 문구를 떠올릴 것이다. 오랜만에 간체자(簡體字) 전문 서점을 찾았기에 이런저런 책을 주워 담았다. 평소에 궁금하던 루쉰과 린위탕(林語堂)의 독서 역사에 관한 책이 보이기에 얼른 챙겼다.

이 서점은 프랜차이즈 형태로 운영되는데, 대만에 다섯 곳이 있다. 간체자 책을 판다고 광고한다. 이곳을 통해 간체자가 대만에서 유통되고, 중국 담론이 대만에서 소비된다. 대륙의 간체자 책은 일찍이 대만에서 유통되고 있었다. 대만 정부가 막 계엄을 해제한 1987년 대만대학 앞에서 대륙 책 복사본을 수레에 올려놓고 팔던 장면이 기억난다. 하지만 아직도 대만이나 홍콩 책은 대륙에서 자유롭게 유통되지 못한다.

남한에서 북한 책을 마음대로 살 수 있는 날이 올까? 남한 책이 북한에서 자유롭게 팔릴 수 있을까? 책을 주고받는다는 것보다 더 확실한 문화 교류는 없을 것이다. 하지만 대만 책은 대륙에서 유통되지 못한다. 완전한 교류는 대만에서만 가능하다. 그만큼 대만 문화가 상대적으로 높은 자신감을 드러낸다.

최고 학부답게 대만대학 앞에는 지금도 독립서점이 많다. 한때 수십 개가 넘는 서점이 성업 중이었지만, 지금은 스무 군데 정도 남아 있다. 한국 대학가 실정을 잘 아는 나는 부러움을 느꼈다. 대학 구내 서점은 그 대학 수준을 가늠하는 척도가 된다. 칭화대학의 수이무 서원(水木書苑)은 일류 대학 면모를 넉넉하게 보여준다.

'디딤돌(墊腳石)'이라는 이름의 서점에는 중국의 고전, 대만 역사 관련 책이 많이 있었다. 문구점도 겸하는데, 알고 보니 전국 체인이었다. 디딤돌 서점은 대만의 모든 도시에 포진하고 있다. 그 촘촘한 유통망을 이용하여 대만인들의 정체성을 지키고 있다는 생각이 들었다.

중고 서적을 취급하는 서점으로 재스민 서점(茉莉書店)이 유명하다. 입지전적인 성공 스토리로 대만의 자랑거리 중 하나다. 노점에서 출발하여 대만을 대표하는 문화 코드로 자리 잡았다. 1980년대에 대만대학 앞을 시작으로 이제 전국에 네 곳 분점이 있다. 헌책방에는 곰팡내가 풀풀 나고 먼지가 폴폴 날린다는 고정관념을 깨버렸다. 잘나가는 대형 서점보다 더 깔끔하다. 최근 대만에서 가장 많이 유통되고 있는 유행어가 말해주듯 '전형(轉型, 전환 또는 변화)'에 완벽하게 성공한 사례이다.

대만에서도 서점 경영이 어렵기는 마찬가지이다. 독립서점들은 각각 개성을 살려 골목에서 문을 열고 있다. 카페나 빵집을 겸하는 것이 추세이다. 다양성과 편안함을 도모하는 선순환 구조가 정착되고 있다. 작은 서점끼리 연합하여 책을 돌려가며 판매하기도 한다. 아울러 정기적인 독서 모임을 하는 동호회를 유치하는 것은 한국이나 대만이나 서점의 가장 기본적인 홍보 수단일 것이다.

요즘 대만에서는 작은 서점을 한국에서와 마찬가지로 '독립서점(獨立書店)'이라고 부른다. 골목 깊숙한 곳에까지 들어서기 시작했다. '국립신주생활 미학관(國立新竹生活美學館)'이라는 기관이 발행하는 월간 홍보 잡지에 '작은 서점 큰 도시'라는 제목으로 작은 서점을 소개하고 있었다. '도시를 걷고, 서점을 포용하자'는 소제목이 달려 있었다. 이곳 신주의 비경소서점(筆耕小書店)과 지룽(基隆)의 지엔서점(見書店)을 추천했다.

작은 서점들은 독서 모임과 스터디 모임 등을 이끌면서 동네를 지키는 파수꾼 역할을 하고 있다. 문학청년 시절의 연장인지, 작은 서점 주인은 대부분 젊은이다. 대만대학 앞에서 서점을 운영하는 친구는 이런 유행을 매우 냉소적으로 평가했다. 그 배후에 신자유주의 음모로 태어난 아르바이트 찬양이 있다는 것이다. 세계 굴지의 다국적 기업들이 젊은이들의 시간을 착취하려고 아르바이트 인생을 미화했다고 했다. 그 논리에 편승하여 세상과 당당히 맞설 자신이 없는 젊은이들이 서점 개업으로 몰린다는 것이다.

2년도 못 버티다가 사라지는 서점이 많다. 귀국한 지 1년도 채 되지 않아서 간체자 서점인 뤄수이탕의 칭화대학 분점이 문을 닫는다는 메일을 보내왔다. 그러잖아도 대학 정문 앞에서 2층 규모 서점을 유지할 수 있을지 걱정하던 차였다. 린밍더 교수가 추천한 인문학 전문서점인 러쉐서국(樂學書局)을 찾기가 쉽지 않았다. 서점은 아파트 건물 10층에 있었다. 임대료 부담을 덜려고 그렇게 노력한다.

그런가 하면 세계에서 가장 어두운 서점이 있다. 대담하고 매우 재미있는 실험적인 서점이다. 어둡고 조용한 곳에서 성인서적을 보고 싶다면 가오슝

독립서점 홍야서방(洪雅書房)

2019 세계 독서일 홍보 포스터

러쉐서국

우관 실험서점

의 우관(無關) 실험서점으로 가야한다. 물론 미성년자는 들어갈수 없다.

대만에는 '세계 가장 아름다운 서점 20곳'에 든다는 하오양(好樣) 서점, 차이잉원 총통이 좋아하는 책값이 가장 싸다고 알려진 수이준 서점(水準書店), 세계 잡지 2만 종을 갖추고 있다는 Boven 잡지도서관(雜誌圖書館), 여성과 동성애자들을 위한 책을 전문으로 파는 뉘 서점(女書店), 동남아 주제의 책을 원가로 빌려주는 찬란 서점(燦爛書店) 등 특화된 서점이 즐비하다. 게다가 이름도 어마어마한 '독서공화국(讀書共和國)'이라는 인터넷 서점도 있는데, 40개 출판사를 거느리고 매년 8백 권 이상의 책을 내고 있다.

5) 다다오청(大稻埕)

만사에 의욕이 없거나 우울할 때 시장을 구경하라는 말이 있다. 치열하게 사는 현장을 보고 자극받아서 '나도 열심히 살아야지' 하고 다짐하게 된다. 하지만 대만의 시장은 그림이 조금 다르다.

대학 서문 근처에 내가 자주 가는 수이위안 시장(水源市場)이 있다. 설 명절 직전이라 그런지 더욱 붐비는 듯했다. 중국인들이 잘 먹고 잘산다고 할 때 쓰는 표현이 있다. '큰 생선 큰 돼지고기(大魚大肉)'라고 말하는데, 그 기분이 그대로 전해진다. 장사하는 사람들 표정이 밝고, 태도가 아주 느긋하다. 전 세계 어디서나 재래시장에서 느낄 수 있는 인정과 여유이겠지만, 대만의 재래시장은 특히 느긋하다. 손님을 대하는 태도가 밝고 따뜻하다. 대만에 체류하는 6개월 내내 대만인들의 표정이 왜 그렇게 밝은지, 그 이유가 궁금했다.

같은 가게에 두 번째 가면 주인이 기억한다. 상술이 뛰어나다고 해야 할까. 어떻게 보면 손님에게 밝은 표정으로 인사하고, 두 번째 오는 손님을 알아봐주고, 말 한 마디라도 더 건네는 정성이야말로 교과서에 나오는 상술이다. 그렇게 보면 대만 상인들은 장사하는 사람에게 요구되는 미덕, 즉 직업의식에 충실하다.

물론 대만에서도 손님에게 구매를 권유한다. 대학 앞에 있는 서점에서 책을 계산대에 올리는 순간, 점원이 "이 책들은 세트입니다. 모두 다섯 권입니다. 한꺼번에 사시는 게 어때요?" 하면서 손님을 책이 있는 곳으로 데려간다. 시장에서는 상인이 토마토를 팔 때 자기가 직접 길렀고 농약도 쓰지 않았다는 점을 강조하며 하나라도 더 팔려고 애쓴다.

장사하는 사람의 태도가 온화한 이유로 우선 영업시간이 짧다는 점을 들 수 있다. 게다가 상인 각자가 취급하는 고유한 상품이 있다. 자기 영역을 확보하고 있다는 것이다. 한쪽에서 삶은 닭고기를 팔면, 다른 쪽에서는 구운 닭고기를 파는 식이다. 국산 사과를 파는 사람과 수입 사과를 파는 사람이 다르다. 향긋한 바나나인 향초(香蕉)는 바나나를 파는 사람에게 가서 사야 하고, 쫀득한 바나나인 파초(芭蕉)는 파초를 파는 사람에게 가서 사야 한다. 상인들은 자기가 파는 물건에 대한 자부심이 대단하다. 짠 달걀을 파는 상인은 짠맛 정도에 따라 다른 달걀에 관해 설명해주고, 귤 장수는 큰 귤과 작은 귤의 차이를 소상하게 알려준다.

대만 시장에 가면 만화영화「개구쟁이 스머프」가 떠오른다. 스머프 마을에는 파파 스머프, 똑똑이 스머프, 투덜이 스머프 등 다양한 인물이 살고 있다. 하지만 각자가 서로 다른 일을 하기에 경쟁하고 싸울 일이 없다. 그런 이유로 이 만화영화가 은근히 사회주의를 선전한다는 의심을 받기도 했다.

나는 열 살 때까지 전기도 안 들어오는 시골에서 살았다. 이발소 하나, 학교 하나, 병원 하나, 점방(店房) 하나, 고깃집 하나, 다방 하나, 성당 하나, 양조장 하나, 무당도 한 명뿐이었다. 당시 전형적인 시골 모습이었다. 남을 신경 쓸 필요도 없고, 옆 가게를 특별히 의식할 필요도 없으니 모두 편안하다. 경쟁 없이 오직 자기 장사에만 신경 쓰면 되었다.

옛날에는 동네에 점방 하나만 있으면 충분했다. 점방 아줌마에게 생필품을 샀고, 하숙집도 구했다. 물론 밤에는 아줌마도 쉬고 동네도 쉬었다. 이제는 24시간 편의점에서 누군가 뜬눈으로 손님을 기다린다. 우리는 과연 제대로 사는 걸까? 발전하고 있는 걸까?

타이베이 다다오청(大稻埕), 특히 디화가(迪化街)는 근대 건축물과 부두가 한곳에 모여 있는 보기 드문 상가 지역이다. 마치 타임머신을 타고

1백 년 전으로 거슬러 올라간 듯하다. 1850년(청 함풍 연간)부터 조성된 타이베이 최대 물류 집산지이다. 1980년대에는 잠시 존폐가 논의되었으나 1996년 멋지게 부활했다. 구도심이 성공적으로 활성화된 사례이다.

디화가의 역사 설명문

예전 상가를 어쩌면 이렇게 완벽하게 보존할 수 있을까? 들어갈 수도 없고, 만질 수도 없는 유적이 아니다. 지금도 물건을 사고파는 살아 있는 공간이다. 타이베이 시청 문화국이 '구옥 문화 운동(老房子文化運動)'의 결실로 첫손에 꼽는 자랑거리이다.

디화가 상가 건물은 하나하나에 사연이 있다. 대학원생 중 한 명은 어릴 적 부모님 손을 잡고 따라

디화가의 상가건물들

나왔다가 동네가 하도 예뻐서 여기서 살고 싶다고 했단다. 그때 살고 싶다고 했던 집이 지금도 그대로 보존되어 있다. 그가 대학생 시절에 '골라, 골라!'를 외치며 아르바이트하던 가게에서는 지금도 그때와 똑같은 물건을 팔고 있다.

가게들은 구조가 서로 비슷하면서도 건물에 사용된 타일이나 조각 등 특징이 각기 다르다. 앞에서 보면 중국 민남식, 서양식, 바로크식 등인데, 똑같이 생긴 건물은 하나도 없다. 쇼핑을 구실로 건물 안을 둘러보아도 좋다. 건물 입구는 좁아 보인다. 앞에서부터 건물 세 동이 연결되어 있고, 복층 구조로 되어 있다. 주인과 손님이 만나는 곳인 가게가 1진(進)이다. 좀 더 들어가면 주인 가족의 생활 공간이라고 할 2진을 볼 수 있다. 3진은 부엌이나 창고로 쓰인다.

디화가 한약재상 건물구조

디화가뿐 아니라 대만의 상가 건물은 대부분 구조가 같다. 풍수와 현실, 그러니까 가게는 입구가 좁아야 장사가 잘된다는 믿음과 비싼 땅값이 반영된 형태이다. 게다가 영업 공간과 거주 공간을 일체화하여 업무 효율을 최대화한다는 아이디어를 반영했다.

대만에서는 전체적으로 아케이드 양식 상가를 흔히 볼 수 있다. 새로 지은 상가도 대부분 아케이드로 연결된다. 이 양식을 중국어로 '치러우(騎樓)'라고 한다. 탈 '기(騎)' 자를 쓰는데, 건물에 다리가 있어 2층을 받치고 있기에 붙은 이름이 아닐까?

햇빛이 너무 강하고 비도 많이 오는데, 에어컨도 없던 시절에는 꼭 필요한 건축 구조였다. 하지만 독일 철학자 발터 벤야민은 아케이드가 대도시의 비인간성, 산업 자본주의의 신전을 상징한다고 말했다.

타이베이 구도심의 치러우(騎樓)

대만 건축물에서는 허세를 부리거나 공간을 낭비한다는 느낌이 들지 않는다. 실용성을 최우선해서 지었다. 특히 보기에 흉한 상징이나 간판, 디자인이 없다. 도시 전체가 10층 이하 낮은 건물로 되어 있어서 보는 이의 마음이 편안하다. 홍콩과 달리 하늘이 보이는 시야가 얼마나 큰 안정감을 주는지 깨닫게 된다.

대만의 거리 간판들은 중구난방도 아니고 천편일률도 아니다. 적당히 조화를 이룬다. 바라보고 있으면 마치 대만인들 자신처럼 검소하고 실용적이고 귀엽다. 대만인들의 옷차림은 대부분 간단하고 검소하다.

6) 쑹산 문창(松山文創) / 화산 문창(華山文創)

'문창(文創)'이라는 표현을 자주 본다. '문화창의 산업'의 준말이다. '창의 공방(創意工坊)'이라는 가게도 흔히 보게 된다. 창의, 창조, 재창조 등 단어가 대만의 당면 화두인 듯하다. 대만 전체가 똘똘 뭉쳐 문화창의에 매진한다. 대만뿐 아니라 세계 선진국들이 문화 산업을 21세기 주요 목표로 삼은 지 오래되었다.

타이베이 문창

대만인들은 지금도 전통문화 환경에서 살고, 그 기초 위에서 창의력을 발휘한다. 어릴 때부터 계혈석(雞血石), 수산석(壽山石), 옥석(玉石) 등 기본적인 돌의 종류를 알고, 침향(沉香), 자단목(紫檀木) 등 나무 이름을 들으며 자란다. 문화창의의 기초가 튼튼하다.

타이베이 문창—쑹산 지구

문화산업은 큰 자본도 그 나름대로 필요하고, 작은 자본도 또한 그 나름대로 유용한 분야이다. 자본보다 아이디어가 중요하다면, 상대적으로 작은 나라인 대만이 발전하는 방향과 출로가 될 수 있다.

쑹산 문창 원구(松山文創園區)는 도시 재생 또는 리모델링으로 이미 국제적 명성을 얻은 곳이다. 쑹산은 원래 일본 통치기였던 1937년에 설립된 대만 총독부 전매국 쑹산 연초 공장이다. 1945년 해방 후에도 잘 운영되다가 흡연 인구의 급감으로 1998년

문화창의 산업 관련 서적들

대만 총독부 전매국 쑹산 연초 공장

쑹산 문창 도서관

문을 닫았다. 건물이나 내부 공간 구조를 보면 처음부터 얼마나 공을 들여 지었는지 알 수 있다. 당시 노동자들의 근무 환경까지 최대한 고려해서 지었다는 자랑이 거짓이 아닌 듯싶다.

특히 예쁜 위에러 서점(悅樂書店)으로 거듭난 당시 탁아소는 노동자 2천 명의 복지를 고려했다는 증거이기도 한다. 타이베이시가 2001년 유적으로 지정하였고, 10년간 노력을 쏟아부어 2011년 정식으로 오픈했다. 타이베이만이 아니라 대만 문화창의 산업의 상징이 되었다.

쑹산을 둘러보면 전통과 현대의 내공을 모두 발휘했다는 인상을 받는다. 촌티도 없고, 억지도 없다.

쑹산 위에러 서점

안전에 문제가 없다면 따로 손을 대지 않았다. 원래 분위기를 훼손하지 않고 다시 살리는 것이야말로 도시 재생이나 리모델링의 최선이 아닐까?

화산 예문 특구(華山藝文特區 1914) 역시 대표적인 문화창의 지구(文創園區)로 손꼽힌다. 양조장 (1914년)과 장뇌유 공장(1918년)이었는데, 1999년부터 리모델링하고 임대하기 시작했다. 화산의 손목시계 가게 입구에 있는 나무와 건물을 보고 대만인들을 더욱 높이 평가하게 되었다. 건물의 현관문을 파고든 나무를 그대로 보존하고 있다. 그것을 튼튼하게 유지하기 위해 쇠기둥만을 더했을 뿐이다.

화산 영화관의 「밀양」 포스터

화산 소확행 밀크티

대만에서도 소확행(小確幸)이 일상의 목표가 되

화산 스워치 상점 입구

화산

가오슝시(高雄市) 문창지구

었다. 심지어 화산 밀크티 가게 간판도 소확행이다. '작지만 확실한 행복'
은 대만인은 물론 세계인이 주고받는 인사말이다. 작은 행복이라도 붙잡
아야 할 만큼 지금 우리는 너무 불행한 것일까. 미래의 주역인 어린이들
이라도 조금 더 행복해졌으면 좋겠다.

　화산 곳곳에 어린이들을 배려한 공간이 보인다. 미래 세대를 배제한
문화 공간이 성공할 수는 없을 것이다. 아이들을 위한 공간이 있어야 하
고, 아이들을 끌어들일 수 있어야 한다. 그것이 화산의 성공 비결이다.

　타이베이시 문화국은 '구옥 문화 운동(老房子文化運動)'을 벌이고 있다.
구옥 보존을 문화와 결합하여 하나의 사회 운동으로 차원을 높였다. 타
이베이만이 아니라 대만 전역에 가볼 만한 도시 재생, 리모델링 지역이
한두 군데가 아니다. 타이난(台南)의 린 백화점(林百貨)이나 안핑 나무집
(安平樹屋), 란사이투 문화창의 지구(籃晒圖文創園區) 등은 한국 관광객도
많이 찾는 명소이다. 리모델링의 대표 사례로 인식될 만큼 성공한 곳으

로 알려졌다.

가오슝시 문창지구

타이난의 첫 번째 백화점인 린 백화점은 1932년 개점했다. 일본신사가 남아 있는 유일한 백화점으로 당시로서는 최첨단 시설인 에스컬레이터가 설치되었다. 일본 제국주의 패망 이후 영업을 중단했다가 69년 만인 2014년에 영업을 재개했다. 옥상의 작은 일본신사와 태평양전쟁 당시 폭격받은 흔적도 그대로 보존하고 있다. 대만의 유일한 회고풍 백화점이다.

이곳을 포함하여 대만의 도시 재생이나 리모델링 원칙은 원래 모습을 그대로 보존하는 데 있는 듯하다. 비전문가인 내가 보아도 분명하게 보이는 원칙이고 기준이다. 대나무 같은 절도와 만두 같은 포용의 철학, 즉 대만식으로 재창조되고 있었다.

지은이의 중화민국 거류증, 칭화대학 복무증, 건강보험증, 청펀서점 명함 등

대학에 도착 신고를 하고 나서 얼마 뒤에 신분증을 받았다. 그런데 교직원 신분증 제목이 '복무증(服務證)'이라고 되어 있었다. '복무'에는 '봉사한다'는 의미가 포함되어 있으니 서비스해야 할 의무를 일깨워주는 증서이다. 신분증을 복무증으로 사용하는 철학이 필요하고, 그 철학을 복무증으로 구현한다. 그 연장으로 장애인 통로를 '무장애 통로', 장애인 화장실을 '무장애 화장실'이라고 부른다.

무장애 통로

여기저기에 절도와 포용의 철학이 돋보인다. 캠퍼스에 개가 돌아다닌다. 도서관 로비에는 물론 강

도서관 로비에 누워 있는 개

도서관 로비

도서관의 작품 전시

도서관 '멍때리는 곳'

의실에도 들어온다. 우선, 도서관 입구의 로비까지 개가 자유롭게 출입하도록 허용하는 유연함에 감탄했다. 학생들이 다가가서 같이 어울리고 노는 모습이 보기에 신선했다. 복무증을 받아서 처음 돌아본 도서관은 내가 꿈꾸던 도서관에 한 걸음 더 다가선 모습이었다.

도서관 로비의 높은 벽에는 현대 대만의 저명한 시인 정처우위(鄭愁予)의 시가 걸렸다. 예술 전공 학생들의 작품도 열람실에 전시하고 있었다. 작품 전시에 별도로 공간을 마련할 필요도 없다. 감상하러 오라고 애타게 홍보할 필요도 없다. 도서관을 찾은 학생들이 공부하다가 무심코 고개를 돌릴 때 시야에 들어오는 자리에서 작품들이 기다리고 있다.

도서관에서 더 재미있었던 것은 한쪽 구석에 배치한 '멍때리는 곳(發呆區)'이었다. 표지판을 보는 순간, 나는 하마터면 큰소리로 '이것이 대만이다!' 하고 소리 지를 뻔했다. 대만인들은 이런 정신으로 화산과 쑹산을 만들었다. 그들에게는 이런 유머와 여유가 있다. '멍때리는 곳'의 영어 표기를 보면, 도서관의 의도가 분명히 드러난다. 'Relaxing and Inspiration' 휴식하면서 영감을 받으라는 말이다.

'멍때릴 때' 두뇌가 쉴 수 있고, 두뇌가 쉴 때 창의력이 발휘된다. 온전히 휴식할 수 있는 공간이 도서관에 마련되어 있다는 사실만으로도 큰 위로를 받는다. 의자도 잠을 청할 정도로 편안한 것을 골라두었다.

미국 버클리대학 도서관에 들어선 순간, 깜짝 놀랐던 적이 있다. 도서관은 정숙하고 근엄한 공간이라는 관념이 무너졌기 때문이었다. 큰 방 하나에 마치 일반 주택 거실처럼 소파, 흔들의자, 간이침대 등이 배치되어 있었고, 학생들이 이렇게 저렇게 '널부러져' 있었다. 서로 전혀 신경 쓰지 않는 자세였다. 절반 이상의 학생이 완전히 잠들어 있었다.

도서관에서만큼은 생각의 나래를 마음껏 펼칠 수 있어야 하지 않을까. '과거를 돌아보면서 미래를 상상하는 공간'이라는 것이 원래 도서관의 정의이다. 미국이나 대만의 대학은 전화(轉化), 즉 '다르게 생각하기'와 '재창조'의 중요성을 잘 알고 있다. 재창조 능력이 요구되는 시대에 그 기회와 계기를 도서관이 제공해야 한다는 사실도 잘 알고 있다.

계속해서 칭화대학 캠퍼스를 둘러보았다. 여기저기 설치된 게시판을 보니 대만의 대학도 학생들의 창업 정신을 고무하려고 노력하고 있음을 알 수 있었다. 창업 지원 신청도 받고 있었다. 지원금도 주고, 캠퍼스 내 창업 창고에 입주시켜 주는 등 혜택을 준다고 했다. 대학이 사회의 실험장 역할을 하고 있었다.

캠퍼스에 중고 서점도 있다. 같이 운영하는 카페에는 장난기 가득한 이런저런 시도가 보인다. 그렇다, 대학은 장난치는 곳이다. 베이커리는 무인 판매로 운영된다. 대학의 이런 실험과 창조적인 흐름은 사회로 퍼져 나간다. 이렇게 해서 세계적인 도심 재생 사업의 모델이 된 쑹산과 화산, 그리고 복합문화공간인 청핀 서점이 만들어졌을 것이다.

사회 용어에도 창의력이 돋보인다. 빠른 운송수단을 뜻하는 '첩운(捷運)'과 버스의 환승 터미널을 말하는 '전운(轉運)'이라는 용어를 볼 때마다, 나는 감탄한다. 대륙과 홍콩에서는 지하철을 뜻하는 '지철(地鐵)'이라

타이베이 첩운

인생 전운, 사업 전운 포스터

는 밋밋한 표현을 사용하는데, 대만에서는 '첩운'과 '전운'이라는 참신한 표현을 고안했다. '전운(轉運)'은 '교통수단을 바꾼다'는 뜻이겠지만, '운을 좋은 쪽으로 바꾼다'는 뜻으로도 쓰인다.

우리는 길에서 자는 사람을 '노숙인'이라고 부르지만, 대만의 창의성은 그런 안일한 작명을 용납하지 않는다. 대만에서는 노숙인을 '가우(街友)'라고 부른다. 즉 '거리의 친구'라는 뜻이다. 무미건조하게 지시적 사실만을 전달하는 말과 달리 이 함축적 표현은 말하는 사람의 마음도 전해준다.

7) 목각 작품의 도시 산이(三義)

거주민 등록을 하러 이민국에 갔다. 담당 직원 책상 앞에는 귀엽게 생긴 석감당(石敢當) 캐릭터 인형이 놓여 있었다. 고대의 힘센 장사 석감당을 형상화한 작은 인형이었다.

산이 기차역

사진 찍어도 되느냐고 물어보고 한 컷 찍었다. 왜 그 인형을 거기에 두었을까? 대만 친구는 외국인 관련 업무를 담당하는 직원이 외국인들에게서 뿜어져 나오는 낯선 기운을 막으려고 그랬을 것이라고 짐작했다. 석감당만이 아니라 귀여운 인형이나 캐릭터가 여기저기 보인다.

또 다른 인연은 타이베이 푸화(福華) 호텔의 지하상가에서 만났다. 기념품을 파는 가게였는데, 진열장을 들여다보다가 내 눈에 쏘옥 들어오는 작품을 발견했다. 하늘을 향해 크게 웃고 있는 목각 인형이 보였다. 작가의 의도인지 아닌지 모르지만, 나는 과분한 것을 기대하는 제(齊)나라 왕을 비웃는 신하의 앙천대소를 떠올렸다. 사마천(司馬遷)의『사기(史記)』에 나오는 고사를 형상화해서 오늘을 사는 우리에게 욕심을 경계하라고 말하는 것이다. 대만을 생각할 때마다 떠오르는 이미지 중 하나인데, 팔지 않는 작품이라면서 미안해하던 주인의 표정도 늘 함께 떠오른다.

이민국의 석감당

푸화 호텔 기념품 가게 하늘을 향해 웃는 목각 인형

1~3. 비달마 4. 종규 5. 문달마 6. 무달마

타이베이에서 기차로 한 시간 거리에 있는 산이 (三義)에는 길이가 1킬로미터쯤 되는 거리에 목각 제품을 파는 상가들이 몰려 있다. 산이는 '대만 목조 왕국'이라는 별명이 있다. 가게마다 소속 작가들이 만든 다양한 작품을 선보인다. 산이의 목각 박물관에는 감탄사가 절로 나오는 목각 작품이 빼곡히 전시되어 있다. 가게마다 달마(達摩) 상이 많다. 달마 상은 각기 다른 조각가의 철학대로 각기 다른 표정과 자세를 보여준다.

산이 어느 건물의 벽화

대만인들이 '문(文) 달마'라고 부르는 달마는 단정한 표정이고, '무(武) 달마'라고 부르는 달마는 태극권 자세를 보여주며, '비(飛) 달마'라고 부르는 달마는 승천하는 기세로 하늘을 날고 있다. 나쁜 귀신을 잡는 좋은 귀신인 종규(鍾馗) 등 각기 인문학적 서사가 있는 캐릭터가 무궁무진하다. 그런 캐릭터를 통해 부모에게서 자식으로 전통이 전해진다. 다양한 캐릭터를 평가하면서 친구들과 소통한다. 상점 주인과 손님이 신화와 전설을 사고판다. 그렇게 달마 대사와 종규는 대만인들의 정신에 살아 있고, 신화와 전설을 오늘날까지 이어주는 다리이다.

조각하고 있는 산이 가게 주인

나무로 만든 다양한 크기의 붓이 걸려 있기에 상점 주인에게 그 의미를 물어보았다. 필(筆)은 원래 '붓'이라는 뜻 그대로 성공적인 학업을 뜻한다. 하지만 큰돈을 세는 수량사(數量詞)로 쓰이기도 한다.

산이 가게의 일념지간   산이 목각박물관 선악인간

붓대에 대필생의(大筆生意), 대필진재(大筆進財) 등 큰돈이 들어오기를 기원하는 마음을 글자로 새겨놓았다. 그 밖에도 정신을 진작하는 팔준마도(八駿馬圖), 마음대로 이루어지기를 기원하는 구어도(九魚圖), 반야심경, 해태, 사천왕상, 전설적인 의사 화타(華佗) 등 조각이 눈에 들어온다.

어느 가게에서 걸음을 멈추었다. 보는 순간, 가슴이 철렁했다. 나무 조각 작품의 제목은 '일념지간(一念之間)'이었다. 석가모니의 상호(相好)와 악마의 얼굴을 합성한 조각 작품이었다. 인간 내면의 선악(善惡) 이중성을 나타낸 것이다. 이것이 인간의 진정한 모습이 아닐까? 걸음을 멈추고 사람됨의 의미를 되새겨볼 수밖에 없는 작품이었다.

신베이시 잉거(鶯歌)에는 도자기 전문 거리가 있다. 물론 그것의 존재를 온 국민이 알고 있다. 대만인들은 산이에 가면 기기묘묘한 나무 조각품을 구경할 수 있고, 잉거에 가면 형형색색의 도자기를 볼 수 있다는 것을 알고 있다.

그곳만이 아니라 어디서나 예술작품을 접할 수 있기에 대만 전체가 마치 커다란 예술 공원 같다. 작품에는 창의력이 필요하고, 그 작품이 감상하는 사람들의 창의력을 다시 자극하는 선순환 구조의 사회이다.

눈에 보이지 않는 무형 유산도 매우 중요한 작품이다. 대만인들은 서사가 있는 표현과 조상의 지혜가 녹아 있는 말을 입에 달고 산다. 고사, 속담, 속어, 언어 상식 등이다. 예를 들어 '귀신이 벽을 두드린다'는 표현을 자주 쓴다. '이해할 수 없다'는 말을 그렇게 한다. '주머니가 깊다'는 표현은 돈이 많다는 뜻이다. '아무 공격도 안 하는 것이 최선의 공격이다'라는 말도 있다. '다섯 관문을 지나면서, 여섯 장군을 참했다(五關斬六將)'는 말은 『삼국지연의(三國志演義)』에서 관우가 유비에게 돌아가기 위

잉거도자박물관(鶯歌陶瓷博物館)의 전시물　　잉거 지도와 잉거의 맨홀 뚜껑

해 관문을 지키는 조조의 장수들과 싸워 이긴 일화에서 비롯한 표현으로 '수많은 난관을 극복했다'는 의미이다. 이들은 대대로 전해져 내려오는 표현이다. 중국 문학 경전에서 나와서 민간으로 뛰어 들어가 살아남은 삶의 정수라고 할 수 있다. 전통적인 지혜와 함께 오늘을 사는 것이다.

대만인들은 귀신도 조심한다. 그들에게 음력 칠월은 귀신의 달이다. 밤에는 되도록 나가지도 않고, 빨래를 널어두지도 않는다. 귀신이 몸에 옷에 붙을 수 있기 때문이다. 특히 박물관에 있는 밀랍인형을 몹시 싫어한다. 박물관에 같이 갔던 여자 대학원생들은 그것을 보지도 않고 빠르게 지나쳤다. 그것을 귀신 자체로 본다고 했다.

학생들은 책이든 무거운 가방을 땅바닥에 두지 않고 내내 들고 있었다. 땅의 나쁜 기운이 따라온다고 믿기 때문이다. 사실 이런 습관은 합리

타이난 국립대만역사박물관의 원주민 밀랍 인형

적이다. 짐을 바닥에 두었다는 사실을 잊어버릴 때가 많다. 분실 사고를 사전에 방지하라는 선인들의 가르침이다.

총리 격인 행정원장 쑤정창(蘇貞昌)이 순직한 경찰의 장례식에 참석해서 방명록에 서명했다. 그는 서명에 사용한 펜을 멀리 던져버렸다. 다시는 이런 슬픈 자리에 오지 않게 해달라는 염원을 표현한 행동, 이런 나쁜 일이 다시는 일어나지 않게 하겠다는 의지의 표현이다.

대만인들은 이렇게 차안(此岸)과 피안(彼岸)을 넘나든다. 아니, 언제나 피안과 함께한다. 내가 영화 『디 아더스』를 첫손에 꼽는 것은 우리 사유의 지평을 보이지 않는 세계로까지 넓혔기 때문이다. 대만인들에게는 눈에 보이는 세상이 전부가 아니다. 언제나 함께 하지만 우리 눈에는 보이지 않는 세상이 하나 더 있다.

그러다 보면 사유의 공간은 그만큼 더 넓어질 수밖에 없고, 사유의 능력도 그만큼 더 커질 수밖에 없고, 사유 자체도 그만큼 더 유연해질 수밖에 없다. 결국 그것은 대만인들의 상상력으로 이어지고, 그것의 다른 이름이 바로 창의력이다.

8) 융캉가(永康街)

융캉가의 주소 표지판

융캉공원

융캉공원에서 커피 파는 청년
이 일하는 장면

융캉가는 서울의 어디에 해당할까? 명동? 압구정동? 융캉가 뒤쪽에 작은 공원이 있다. 나는 거기서 커피를 팔던 청년의 모습을 잊을 수 없다. 트럭도 아니고 오토바이에 커피 장비를 싣고 다니면서 드립커피를 팔았다. 커피를 한 잔 내리려고 아주 조심스럽게 주전자를 기울이던 장면이 지금도 눈에 선하다.

중국 현대 작가 주쯔칭(朱自淸)이 쓴 「아버지의 뒷모습(背影)」이라는 산문이 있다. 천고의 명작으로 이미 중국현대문학과 불가분의 관계에 있는 작품이다. 기차역에서 아버지가 헤어지는 아들에게 주려고 귤을 사 오는 이야기이다. 작가는 아버지가 철로를 넘어 플랫폼에 기어오르려고 버둥대는 바로 그 찰나를 포착했다. 아버지의 뒷모습에 아들은 눈물을 흘린다. 그 순간을 문학적으로 또 철학적으로 분석하는 논문이 많다 .

공원에서 만난 그 청년이 커피를 내리려고 뜨거운 물을 붓는 과정은 마치 종교의식처럼 경건하고 진지했다. 아주 천천히 커피를 내리던 그 순간을, 나는 정지 화면으로 기억한다. 그 순간 내 머리에는 유교의 최고 가치를 말하는 '성(誠)' 자가 떠올랐다. 지성(至誠)이면 감천(感天)이다. '성'은 한마디로 정성이고, 순수함, 성실함, 완벽함으로 해석된다.

'타이베이'라는 대도시 도심에서 지극한 정성을 만났기에 더 각별한 기억으로 남았을 것이다. 한가한 시골이 아니라 번화한 도심이었기 때문일 것이다. 하지만 그것이 전부가 아니었다. 타이베이 골목에서, 대만 곳곳에서 자주 지극한 정성을 만날 수 있었다.

집 앞에 내놓은 화분

집 앞에 내놓은 화분에서도 지극한 정성을 보았다. 화분 두세 개의 배치를 두고 몇 날 며칠을 고민한 것 같았다. 화분 흙에 돌 몇 개를 올려놓으면서도 며칠을 더 궁리한 듯한, 그런 정성 말이다.

다른 측면에서 보자면 이런 것이 대만의 여유일 것이다. 우리가 아는 거대 도시가 아니기에 가능한 일일 것이다. '발전'의 의미를 도시화와 산업화로 정의한 지 오래되었다. 도시화와 산업화를 피할 수 없다면, 딱 대만의 도시만큼만 발전하면 좋겠다는 생각을 자주 했다. 거기에는 하늘이 보이는 골목이 여전히 남아 있기 때문이다.

집 담벼락에 놓인 화분

어릴 때 동네 골목은 아이들 세계였다. 아이들의 놀이터이자 동네 어른들과 공유하던 공간이었다. 여행하면 골목을 일부러 찾아간다. 도시에서 골목을 여행하면 시간을 거슬러 올라가 어린 시절로 되돌아간 듯한 기분이 든다. 도시 한복판에 있는 융캉가에는 골목도 있고 공원도 있다.

뒤나 부락 창문

'조금 우습다'는 벽의 낙서

'샹눙(巷弄)'은 대만에서 골목을 가리키는 말이다. 베이징에 후퉁(胡同)이 있다면, 대만에는 샹눙이 있다. 중국에 가는 학생들에게 후퉁만은 제대로 보고 오라고 말해준다. 중국의 전통 가옥인 사합원(四合院)이 즐비한 후퉁에는 전통 문화가 녹아 있다. 원래 베이징에는 10만 채의 사합원이 남아 있었다. 하지만 1949년 공산당 정권이 들어서고 나서 9만 채를 철거했다. 그나마 스차하이(什刹海) 주변에 남아 있는 1만 채의 사합원에서 베이징의 전통적인 후퉁을 볼 수 있어 다행이라면 다행이다.

대만의 샹눙 문화 역시 대만 문화의 구성 요소이다. '큰 골목'을 말하는 샹(巷)과 '작은 골목'을 말하

골목의 창을 장식한 인형

는 농(弄)의 주소만 알면 전국 어디든지 찾아갈 수 있다. 이런 과학적인 주소 개념은 세계 제국이었던 당(唐)나라 시절에 만들어진 것이라고 한다.

상능은 아기자기한 공간이다. 골목 여기저기 화분을 내놓았다. 식당 앞이나 가정집 앞에서 화분 몇 개는 빠짐없이 볼 수 있다. 집 담벼락에 올려놓은 인형들, 창틀에 매달아둔 강아지와 고양이 인형, 형형색색의 꽃 화분으로 꾸민 창문, 진열된 플라스틱 사과 위에 올라앉은 플라스틱 개구리, 작은 꽃 화분에 끼워놓은 귀여운 인형 등등, 이런 것들이 내 눈에 들어온 대만인들의 정성이다. 모두 예술의 경지였다.

모두 집 주위나 골목을 예쁘게 꾸민다. '누가 더 예쁘게 꾸미나' 내기라도 하는 듯하다. 무엇보다도 집주인에게 마음의 여유가 있어야 이런 것들이 가능하다. 더불어 행인을 배려하는 마음 없이는 나올 수 없는 작품들이다.

화단 가꾸기도 열심이다. 화분을 내놓고, 화단을 꾸미는 일이 거주민의 의무처럼 보일 정도로 진지하다. 친구들에게 그 이유를 물어보면 잘 모르겠다고 했다. 오히려 내게 정말로 그렇게 많으냐고 되물었다.

우선 풍수 때문이 아닐까 싶다. 집 안팎에 푸른 화초나 밝은색 꽃을 두는 것이 풍수의 기본이다. 드

먼저 덕을 쌓아야 한다는 경구,
사원의 담장

칭톈가 표지판

나드는 사람에게 생기를 더해주니 굳이 풍수를 들먹일 필요도 없다. 화초를 보고 기분이 나빠질 사람은 없다. 중국어에 '보희불보우(報喜不報憂)'라는 표현이 있다. 기쁜 것만을 말하고, 슬픈 것은 말하지 않는다는 뜻이다. 좋은 것만 보고 들으라는 의미로 중국인들은 이 가르침에 충실하다.

청나라 말기 내시와 궁녀들은 서태후(西太后)를 알현하기 전, 문밖에서 밝은 표정을 짓는 연습을 몇 차례나 하고 나서 안으로 들어갔다고 한다. 방에는 늘 제철 꽃과 과일이 놓여 있었다. 황후의 눈과 코를 즐겁게 해주려는 정성이었다. 주위 사람의 표정을 포함해서 주위 환경의 중요성을 일깨워주는 대목이다. 아름답고 향기로운 환경의 가치는 돈으로 따질 수 없다.

주변을 예쁘게 꾸미는 것은 타인을 위한 배려이겠지만, 사실은 자신을 위한 정성이 아닐까?

거주민들의 이용 상황을 보면 대만의 골목은 어디까지가 공적 영역이고, 어디까지가 사적 공간인지가 분명치 않다. 관행이나 개인 편의를 굳이 규제하지 않는다는 것을 어렴풋이 짐작할 수 있다. 공공 이익에 손해를 끼치지 않는다면 묵인한다는 것이다. 대만의 교통법규도 마찬가지였다. 자동차와 오토바이에는 매우 엄격하지만, 보행자에게는 대단히 관대하다. 절도와 포용이 중첩되는 상황이다.

그 밖에도 타이베이시가 자랑하는 골목은 둥취 패션골목(東區時尙巷弄), 단정한 중산북로가구(中山北路街區), 베이터우 온천골목(北投溫泉巷弄), 화려하지만 편안한 시먼딩 청소년 유행가구(西門町靑少年流行街區), 카페와 독립서점이 모여 있는 융캉가(永康街), 칭톈가(靑田街) 등이다.

칭톈치류

내가 타이베이에서 제일 좋아하는 거리는 융캉가, 그리고 인접한 칭톈가이다. 사실 진화가(金華街), 리수이가(麗水街) 등과 함께 모두 한동네이다. 시내답지 않게 조용하고, 맛있는 음식을 파는 식당이 많고, 군데군데 아기자기한 카페가 있고, 작은 서점도 적당히 섞여 있다. 그중에서도 각각 한 곳만을 추천하라면, 식당은 강절뎬신(江浙點心), 카페는 칭톈치류(靑田七六)이다.

칭톈치류 주소판

칭톈치류

타이베이에서 가장 아름다운 거리로 불리는 칭텐가에는 반드시 보아야 하는 보물이 있다. 바로 카페 칭텐치류이다. '칭텐가 7항(巷) 6호(號)'라는 주소를 상호로 쓴다. 이 건물은 타이베이 제국대학 일본인 교수가 서양과 일본의 건축 방식을 절충해서 지었다. 1931년 건축되어 지금까지 완벽하게 보존되어 있다.

특별히 좋아하는 카페가 한 곳 더 있다. 원저우가(溫州街)에 있는 피크닉 카페(Picnic Cafe)이다. 전형적인 대만식 낮은 집들이 질서정연하게 자리 잡은 동네에 있다. 무엇보다도 주위 건물들이 높지 않아 마음을 편하게 해준다.

노자(老子)는 소국과민(小國寡民)을 주장했다. 작은 나라(小國)에 적은 국민(寡民)이 이상적인 사회라는 것이다. 닭 우는 소리, 개 짖는 소리가 들리는 크기, 그 정도 마을의 이로움을 강조했다. 더 크면 효율적으로 통치하기도 어렵고, 그때그때 민의가 반영되기도 어렵다. 이런 고민을 하기는 서양도 마찬가지였는데, 이것이 광장 민주주의가 나온 배경이다. 직접 민주주의가 아니면 시민 각자의 의사가 제대로 반영될 수 없다.

고대 중국에서 마을 개념인 방(坊)은 1백 호(戶)였다. 1백이 아무렇게나 정한 숫자는 아닐 것이다. 살기에나 통치하기에 가장 적합한 단위였다. 그 이상이면 경쟁 때문에 살기 힘들고, 그 이하면 독자적으로 존립하거나 외적을 방어하기가 쉽지 않았을 것이다. 작은 도시가 편안하고 아름답다.

9) 민성 커뮤니티(民生社區)

대만에는 투천(透天)이 많다. 투천은 3~5층짜리 (다세대 주택) 대만식 양옥을 말한다. 투천 앞 동네 광장에서 퇴근 시간 무렵 에어로빅댄스에 열중한 사람들을 본 적이 있다. 동네는 그렇게 살아 있고, 동네 사람들은 그렇게 교유하고 있다.

투천 매매 광고

투천은 층마다 다른 세대가 거주하는 가장 서민 적인 공간이다. 높이가 낮아 주민에게 하늘을 볼 기 회를 보장해준다. 한국의 고층 아파트와 홍콩의 초 고층 빌딩이 하늘을 가로막고 있다면, 대만의 낮은 투천은 주민의 시선을 언제나 '하늘(天)'로 '통(透)' 하게 해준다.

신주시 커뮤니티 대학

프랑스 지리학자 발레리 줄레조는 한국을 '아파 트 공화국'이라고 불렀다. 시골에도 아파트촌이 속 속 들어선다. 아파트를 지어야 이익을 보는 지방자 치단체, 시공사, 지주의 이해관계가 맞물린다. 여전 히 2~3층짜리 건물들이 도시 풍경을 이루는 대만 이 너무도 부럽다. 이 편안한 풍경을 영원히 간직해 주기 바란다.

타이베이 융허(永和) 커뮤니티 대학

투천은 대만의 커뮤니티인 사구(社區)가 존재 하기에 가장 유리한 조건이다. 타이베이에서 택시 를 타고 가다가 '화이성 사구(懷生社區)'와 '민성 사 구(民生社區)'라고 적힌 표지판을 보았다. 골목에는

타이베이 커뮤니티 센터 창문

타이베이시 커뮤니티 건설 센터

민성(民生) 의용 경찰대 순찰함

타이베이시 칭인공창 실험기지
포스터

'타이베이시 커뮤니티 건설 센터'라는 간판도 보인다. 커뮤니티를 관리하는 곳이다. 우리 커뮤니티 소속이 아니면 주차하지 말라는 경고도 보인다. 대만에서는 1997년부터 골목 공동체로서 '커뮤니티' 개념이 도입되었다고 한다. 벌써 20년이 훌쩍 넘었다.

골목에는 '예술을 커뮤니티로—행복과 활력을 가져오자'라는 제목을 달고, 인구 노령화 추세에 맞는 활동을 전개하자는 내용의 포스터도 보인다. 자기가 속한 커뮤니티를 위해 아이디어를 내고, 커뮤니티에 문화를 정착시키자는 내용이다. 전통 희곡과 고전음악을 감상하고, 플라맹고 댄스와 압화(押花) 등을 배우는 수업에 노인들의 참여를 독려한다. 칭인공창(青銀共創) 실험기지를 만들자는 포스터에는 수작업 체험 과정, 생활 강좌 등을 통해 젊은이들을 커뮤니티로 끌어들이자고 제안한다. '칭인(青銀)'이라는 이름에서 젊은이(青)와 노인(銀)의 융화를 희망하는 마음이 은근히 드러난다. '노인'을 뜻하는 '장자(長者)'와 함께 '세대 차를 뛰어넘어 다 같이 만들고', '함께 불꽃을 창출하자'는 문구도 보인다.

대만 곳곳에 여전히 정겨운 골목이 많이 남아 있다. 구도심(舊都心)을 활성화하자는 내용의 홍보 문구도 많이 보인다. 2019년 당시 남북정상회담 뉴스와 더불어 중국과 북한의 경계 도시인 단동의 부동산 가격이 급등하고, 평양의 일반 주택들이 투기 대상이 되었다는 보도를 보면서 마음이 몹시 착잡했다.

예전과 달리 타이베이나 대도시에 아파트 단지가 보인다. 고층 아파트와 고층 빌딩이 점점 늘어난다. 투천이나 낮은 건물이 만들어내는 목가적 도시 풍경이 바뀌고 있다. 길을 가다 보면 갑자기 고층 건물들이 막아선다. 대만에도 초대형 슈퍼마켓이 주요 길목마다 들어섰다. 대기업 편의점들도 골목을 점령했다. 이제 신문 한 부도 편의점에 가서 사야 한다. 동네 작은 가게들이 사라지고, 모든 것이 대형화되고 있다.

바뀌어야 이득을 보는 사람들이 있기 때문이다. 투천을 아파트로 바꾸어야 이익을 보는 사람들 말이다. 그들은 부동산으로 벼락부자가 된 중국인일 수도 있고, 일확천금을 꿈꾸는 대만인일 수도 있다. 모두 인간의 끝없는 욕심을 밑천으로 삼는다.

대만에 빈 아파트가 많아지기 시작했단다. 누군가 아파트를 열 채 스무 채 사들여서 가격이 오를 때까지 비워둔다. 아파트 가격도 계속 오르고 있다. 지난 10년간 타이중(台中)은 100% 올랐고, 다른 도시도 50~70% 정도 올랐단다. 대만에서도 젊은 세대는 아파트를 영원히 사지 못할 것이라는 우려가 확산되고 있다.

전국적으로 아파트 가격 담합이 이루어지고 있다고, 언론이 보도하고 있다. 다른 곳에서는 아파트 가격이 올라서 가만히 앉아 돈을 버는데, 나만 손해 보는 것은 아니냐는 불안이 대만인들을 자극하기 시작했다.

어느 날 '대만의 농지 가격 대재난'이라는 제목이 신문 1면 톱을 장식했다. '세계에서 가장 비싸다. 정부가 손놓고 있다. 좋은 농지가 사라지고 있다'라는 문구가 작은 제목으로 달렸다. 과거 20년간 땅투기가 유행했고, 그것이 부동산 가격을 치솟게 했다는 것이다. 정부가 손놓는 바람에 농지에 주택이나 공장을 세우는 등 편법이 동원되고 있다. 농지 가격이 8

최근 대만 농지 가격 추세 신문
보도

성공 보습반

년 만에 세 배가 되었다. 2019년 3월 현재 헥타르
당 농지 평균 가격이 호주의 750배, 미국의 157배,
일본의 14배라고 한다. 2000년 농업법을 수정해서
농지의 자유로운 매매를 허용했기 때문이다. 게다
가 정부가 지속적으로 신도시 건설 계획을 발표하
고 있다. 사람들은 땅값이 오르기를 기대하며 농업
전용 토지를 사들인다. 어느 카페 여사장은 '정치
와 경제의 결탁'이라는 말을 사용했다. 어떻게 해
볼 수도 없고, 막을 수도 없는 상황이라고 했다.

고급 아파트를 홍보하는 전단이 신문에 끼워져
배달된다. '학군도 쇼핑센터도 최고'라는 설명과

전체가 보습반인 건물

전체가 학원인 건물

함께 '공원이 있어 주거 환경도 최고'라는 문구가 보인다. 신주시 어느 고등학교 앞에는 대학입시 합격자 명단이 국립 대학부터 서열에 따라 나열되어 있었다. 초등학교는 물론 중고등학교 주변에 '보습반'이라는 이름의 학원이 수두룩하다. 초등학교부터 학원에 다녀야 한다는 말이다.

이런 경쟁 상태가 오래갈 것 같지는 않다. 대만의 출생률이 현저하게 낮아지고 있다. 2019년 통계를 보면 2백 개 국가 중에서 최하위인 1.21명을 기록하고 있다. 싱가포르 1.26, 한국 1.32, 일본 1.47, 중국 1.63 등 아시아 국가들이 하위권이다.

앞에서도 언급했듯이 내가 좋아하는 마을인 베이푸(北埔) 소재의 초등학교는 1898년에 개교했다. 2018년에 120주년 기념식을 치렀다. 언제까지 이 학교가 남아 있을지 모를 일이다.

신주현(新竹縣)의 베이푸 초등학교 개교 120주년

3. 보기

1) 먀오리(苗栗)의 퉁샤오 신사(通霄神社)

대학원생 한 명이 일본식 신사를 보러 가자고 했다. 그런 것이 남아 있다고? 반신반의하며 따라나섰다. 퉁샤오 신사는 대만 정부가 발표한 '대만 종교 100대 경관(100 Religious Attractions in Taiwan)'에 선정된 곳이다. 도착하고 보니 그럴 자격이 충분하다는 생각이 들었다. 일본 신사 형태라는 것을 한눈에 알아보았다. 그 순간 복잡한 상념들이 뇌리를 스쳐 지나갔다.

건물은 중국 전통 벽돌 양식이었다. 복건성 남쪽 민남(閩南)식 제비꼬리 모양 지붕이 돋보였다. 건물 꼭대기 한복판에는 국민당 휘장이 여전히 동그랗게 걸려 있다. 나는 대학원생들에게 말했다, '한국이었다면, 절대 남아 있지 못할 건물이다'라고.

퉁샤오 신사(通霄神社)

타오위안 신사(桃園神社)는 일본 통치 시기 그 모습 그대로 유지되고 있어 유명하다. 동아시아인들에게 일본은 영원한 숙제이다. 대만의 현재는 중국 문화와 일본 문화의 결과라고 말하는 사람이 많다. 중국과 일본의 장점만을 잘 결합했다는 뜻이다.

1945년 8월 15일 일본 제국주의가 패망하고 대만을 접수한 대륙인들은 깜짝 놀랐다. 대륙보다 상대적으로 발전한 모습에 감탄한 기록을 많이 남겼다. 현대적인 도로망, 의무교육 체제, 안정된 물가, 사회복지 제도 등이 대륙과 달랐던 것이다. 대륙에서 온 농업 전문가는 대만 농업의 발전상을, 교육계 인사들은 대만인들의 소박함과 친절함을, 기자단은 대만의 치안과 민생을 높이 평가했다.

작가이자 기자였던 샤오첸(蕭乾)은, 물론 문학적인 표현이지만, 대만인들이 조국의 품으로 돌아온 것은 다른 요구가 있어서가 아니라 자유를 갈구했기 때문이라고 했다. 대륙의 현실과 비교하면 다른 요구는 필요 없을 만큼 이미 충족된 삶을 살고 있다는 뜻이었다.

일본 지배에서 벗어나 광복을 맞이한 대만인들은 민주와 자유를 열렬히 기대하고 있었다. 하지만 광복 초기 국민당의 억압과 수탈을 겪으면서 그들의 중국 정체성은 크게 훼손되었다. 대만을 접수하려고 대륙에서 건너온 국민당 인수위원들은 금, 은, 차, 집, 여자를 수시로 요구했기에 '오자등과(五子登科)'라고 불렸다. 대륙인들은 그들대로 일본 통치기를 보낸 대만인들을 이등 국민으로 차별했다.

일부 대만인은 광복이 일본인에서 대륙인으로 주인이 바뀐 상황에 불과하다고 생각했다. 그런 점에서 일본은 국민당에 감사해야 할지도 모르겠다. 대만인들이 일본과 국민당을 사사건건 비교하면서 '구관이 명관'이라는 인식이 널리 퍼졌기 때문이다. 비교하는 힘은 대만인들의 힘이다. 아니 비교하는 능력이 대만인들의 최대 장점이다. 그들은 네덜란드, 스페인, 청나라, 일본 등의 지배를 받으며 여러 차례 식민 상황을 경험한 만큼, 비교하는 능력이 뛰어나다.

대만인이라고 일본 통치를 순순히 받아들였겠는가? 청나라가 대만을 일본에 할양한다는 소식이 전해지자 대만인들은 완강하게 저항했다. 그뿐 아니라 일본 통치 초기만 해도 일제 군경에게 모욕당한 원주민들이 파출소와 관공서를 습격해서 일본인들을 살해하는 사건이 자주 일어났다. 일본 식민정부가 대군을 파견해서 원주민들을 대량으로 학살한 무사(霧社) 사건 등이 터지기도 했다.

민간에서는 일본인 경찰을 '짐승'이라는 의미의 '네 발 달린 것', 대만인 경찰을 사리사욕을 채우고 친구를 팔아넘긴다는 뜻에서 '세 발 달린 것'이라고 불렀다니, 통한의 사정이 느껴진다.

타이베이 시청 안에 있는 '타이베이 탐색관(台北探索館)'이라는 박물관을 대학원생들과 함께 둘러보던 나는 한 전시물을 보고 깜짝 놀랐다. 충격적인 장면이었다. 일본인들의 이름이 사진과 함께 대거 홍보되고 있었다. '타이베이의 외국 친구들'이라는 제목 옆에 일본 학자들 이름이 수식어와 함께 열거되어 있었다. 여기 그 수식어를 그대로 옮겨본다.

'타이베이의 외국 친구들'

1. 대만의 정수를 그린 일본 화가

2. 대만 해부학과 민속학의 선구자

3. 단수이허(淡水河) 변의 독일 동물학자

4. 도보로 대만을 답사한 인류학자

5. 대만 연구의 거장

6. 대만 의학 교육의 항해사

7. 대만 의학 위생의 아버지

8. 대만 민속 판화의 1인자

9. 남북을 관통하는 철도 기술자

10. 이를 뽑는 선교사

11. 대만 근대미술의 계몽인

3번과 10번을 제외하면 모두 일본인이다. 일본은 대만을 점령하고 나서 새로운 행정 체계와 교육 제도를 도입했다. 임야 조사와 정리, 삼림 개발, 도량형과 화폐 제도 정비 등을 통해 자본주의식 근대화를 추진했다. 1913년 대만 남북 철도를 개통했고, 1930년 자난(嘉南) 댐을, 1931년 가오슝에 두 번째 화력발전소를 완공했다.

태평양전쟁 이후 일본 식민정부는 대만인들을 상대로 황민화 정책을

기념품 가게 입구에 나란히 걸린 중화민국 국기와 일본 국기

펼쳤다. 대만인들도 표면적으로나마 일본인들과 동등한 권리를 누리는 국민으로 인정되었다. 국가와 국민의 신분이 반드시 일치해야 한다는 생각을 버리게 되었다는 것이다. 물론 이런 과정을 순수하게 근대화 조치로 보느냐, 착취와 수탈을 위한 준비로 보느냐는 학자에 따라 다를 것이다.

2) 루강(鹿港)의 공자묘(孔廟)

루강에 도착하면 타임머신을 타고 3백~4백 년
전으로 돌아온 듯한 느낌이 든다. 왜 그 식당 사장
을 포함한 친구들이 콕 집어서 루강을 보아야 한다
고 말했는지 알게 되었다. 루강의 마조묘(媽祖廟),
성황묘(城隍廟), 공자묘(孔廟)를 살펴보면 '이것이
대만이구나!' 하고 저절로 감탄하게 된다. 수백 년
시간이 멈춘 듯이 원형 그대로 완벽하게 보존되었
다. 아름다운 건물의 화려한 목각과 정교한 석각 작
품에 머리가 숙여지고 숙연해지기까지 한다.

루강 주소 표지판

공자묘

루강의 공자묘

마조묘

대만은 마조와 더불어 공자가 지키고 있다. 공자
를 모신 사원인 공자묘는 원래 유교 문화의 상징이
었다. 더불어 공자묘는 한화(漢化), 즉 중국화의 상
징이었다. 송대 이후 중국 어디에서든 관청이 있는
곳에서는 공자묘를 지어서 중원 문화를 선양했다.
명청 시기 현성 소재지에는 반드시 공자묘를 지었
고, 그 옆에 학교를 세웠다.

타이베이 공자묘 표지판

1666년 대만에서 −정성공(鄭成功)이 세운 동녕
국(東寧國)에서− 처음으로 공자묘가 설립되었다. 과거제도를 시행하고,
한문 교육을 시작함으로써 중국 전통 범주에 들게 된 것이다. 민간에서
도 한학 교육을 시작했고, 도교와 불교 사원을 지어서 민심을 교화했다.
대만 공자묘의 건축양식을 보면 민간신앙과 도교의 색채가 완연해 대만
에서 유교의 지위를 잘 알 수 있다.

중국 현대사에서 공자만큼 난도질당한 존재가 또 있을까? 대륙에서
20세기 내내 공자를 비판했지만, 대만은 단 한 번도 공자를 배신한 적이
없다. 지금도 대만 곳곳에서 반듯한 유교적 전통이 시시각각 체현된다.
유교가 사회의 기본적인 문화 심리 구조임을 알 수 있다. 그런 점에서 많

공자 캐릭터 인력거

타오위안(桃園) 공자묘의 공자
상

타오위안 공자묘 문창사

은 학자가 중국 문화 전통은 대만으로 이어진다고
말한다.

대만 친구는 유교 자체가 신지식을 수용하는 체
계라는 점을 강조했다. 대만인들은 가정교육과 학
력을 중시하고, 문화 가정 출신이라는 자부심이 강
하다. 유교가 바탕이 되었기에 아시아의 네 마리
작은 용(亞洲四小龍) 중 하나가 되었다고 분석하는
사람이 많다.

2021년 어느 일본 학자는 코로나 사태를 성공적
으로 방어한 대만 시스템의 근간을 민주주의와 과
학주의로 정의한 바 있다. 대만 정신을 '민주'와 '과
학'이라는 화두로 풀이한 것이다. 합리성으로 대표
되는 근대화에 성공했고, 그것은 실사구시(實事求
是) 유교와도 일맥상통한다.

택시를 타고 지나가면서 본 신주여고의 교훈은
'배우기를 즐겨 하라'는 호학(好學), '힘써 행하라'는
역행(力行), '부끄러움을 알라'는 지치(知恥)였다. 이
세 가지는 유교의 핵심 가치라고 해도 무방하다. 공
자나 유교 정신을 간단하게 세 마디로 표현했다.

내용으로 보면 유교적인 가르침이라고만 할 수
없다. 열심히 배우고, 배운 것을 실천하고, 자기 양
심을 시시때때로 돌아보라는 것이다. 모든 종교와
학문의 경계를 넘어 가장 높은 경지에 있는 가르침
일 것이다.

최선을 다하는 국숫집 부부와 공원 드립커피 노점 청년의 자세는 모두 유교 최고의 가치인 '성(誠)'의 실천이었다. 『중용(中庸)』에 '성자(誠者)는 천지도(天之道)이고, 성지자(誠之者)는 인지도(人之道)'라는 말이 나온다. 최선(완전함)은 하늘의 것이고, 그것을 향해 노력하는 것은 사람의 길이다. 노력하는 자세가 진리라는 뜻이다.

홍콩에서 공부할 때 대만에서 온 교수들의 수업을 들은 적이 있다. 황진훙(黃錦宏) 교수는 선인들보다, 또 어제의 나보다 한 걸음만 더 나아가라고 했다. 장런칭(張仁靑) 교수는 공부하다가 서재에서 저세상으로 건너가는 것이 학자의 사명이라고 했다. 모두 최상의 가치를 추구하라는 가르침이다.

월급 통장 개설 전에 돈이 필요해서 연구소에서 빌렸다. 조교가 돈을 세면서 주는데, 그냥 '여기 있어요' 하고 주는 것이 아니라 한 장 한 장 앞뒷면을 살피며 모두 앞면으로 깔끔하게 정리해서 건네주었다. 이 또한 지극한 정성이었다.

2020년 대선을 앞두고 대만에서도 역시 온 나라가 들썩였다. 대선 경쟁에서 당연히 온갖 미사여구(美辭麗句)가 동원되었다. 그중에서도 '선의의 경쟁을 하자'는 의미의 '군자지쟁(君子之爭)'이라는 말이 귀에 들어왔다. 알다시피 유교에서 군자는 '완전한 사람'을 상징하는 최고의 인격자를 말한다.

매원 입구 표지석

한편 학생으로 보이는 사람이 칭화대학 총장을 지낸 메이이치(梅貽琦) 선생의 무덤인 매원(梅園)을 참배하고 있었다. 그는 30년 동안 대학의 이런저런 위치에서 대학의 기틀을 다지려고 노력했다. 그는 1931년 총장이 되어서도 모든 특권을 거부했기에

칭화대학 메이이치(梅貽琦) 총장 홍보 영상

부인이 노점상으로 일하며 생계를 도왔다. 완전한 인격체, 즉 유교적인 완인(完人)의 모습이 아닐까!

국민당 통치자 장제스는 유학을 통치 근간으로 삼았다. 특히 실천에 주목한 양명학(陽明學)을 중시했다는 점에서 주자학(朱子學)을 중시한 조선과 달리 양명학을 중시한 일본과 통한다. 장제스는 타이베이의 차오산(朝山)을 '양밍산(陽明山)'으로 개명하고, 국립양밍대학(國立陽明大學)과 몇 군데 양밍의원(陽明醫院)을 세웠다.

나는 강의를 시작하고 나서 곧 대만식 예절이 어떤 것인지를 경험했다. 나이 칠순의 대학원생이 처음부터 자기 이름을 불러달라고 했다. 하지만 나는 그것을 '인사치레겠지' 하면서 넘겼고, 그를 부를 때 그의 성씨 뒤에 일반 존칭인 '선생(先生)'을 붙였다. 아무리 교수라고 해도 나보다 나이가 훨씬 많은 학생의 이름을 대놓고 부를 수는 없었다. 한국인의 정서로는 용납할 수 없는 일이었다. '적당히 부르다 보면 그냥 넘어가겠지' 했는데 완전히 오산이었다. 그는 페이스북 메신저로 내게 메시지를 보내 자기 요구를 다시 확인했다.

선생님, 안녕하세요. 저를 그냥 OO이라고 불러주세요. '선생'이라는 호칭은 존칭인데, 학생인 저한테는 적절하지 않습니다. 학교 친구들도 모두 존칭을 붙이지 않고 그냥 제 이름을 부른답니다. 2010년 제가 OO대학 대만문학과를 다닐 때부터 지금까지 일관되게 그렇게 해왔습니다. 감사합니다. 선생님!

그는 호칭 문제에서 끝내 물러서지 않았다. 타협하지도 않았다.

또 한 사람 다른 대학원생도 호칭에 민감하게 반응했다. 그는 고등학교 국어교사였는데, 내가 채팅앱 라인에서 조금 장난스럽게 그의 이름 뒤에 '선생님'이라는 호칭을 붙여 불렀더니 그는 곧바로 "선생님, 그냥 ○○으로 불러주세요! 직업 명칭을 붙이지 말아주세요!"라고 했다.

홍콩인들도 호칭에 민감하기는 마찬가지이다. 박사학위 지도교수는 학위논문이 최종 통과된 날, 온종일 나를 '류 박사'라고 불렀다. 하지만 서울에서 열린 세미나에 왔을 때는 나를 '영하'라고 부른다고, 참석자들에게 소개하면서 호칭에 대한 중국인의 독특한 사유를 보여주기도 했다.

중국인들은 호칭을 중시한다. 어떻게 보면 호칭을 중시하는 것이 중국인의 특징 중 하나이다. 중국인들은 첫 만남에서 이 문제를 반드시 정리하고 넘어간다. 하기야 예전 한국에도 호칭을 짚고 넘어가는 어른이 많았다. 인사하는 자리에서 '아저씨라고 불러라'라고 하거나 '너한테는 할아버지 뻘이다'라고 하는 등 관계와 호칭을 명확히 정했다.

지하철역 이름에서도 대만의 절도, 즉 원칙이 보인다. 지하철에서 내리면 대만대학이 바로 옆에 있는데도 역 이름은 대만대학역이 아니라 궁관역(公館站)이다. 대만사범대학역이 아니고, 구팅역(古亭站)이다. 대만사범대학은 구팅역 바로 옆에 있다. '사범대학역'이라고 이름 붙여도 아무도 뭐라고 하지 않을 텐데, 굳이 '구팅역'이라고 이름을 붙였다.

궁관역(公館站)

총장이 인문대학에 와서 대화하는 행사 안내 공고가 붙었다. 대만뿐 아니라 중화권에서는 대학의 수장을 '교장'이라고 한다. 초등학교 교장도 교장이고, 중고등학교 교장도 교장이고, 대학교 총장도 교장이다.

가오슝 어느 골동품점의 공자상

이는 중국 사람들의 정명(正名) 의식이다. 공자는 정명을 강조했다. 춘추시대 말기에는 소위 예악(禮樂)이 무너져 사회질서가 몹시 어지러웠다. 공자의 정명 사상이 나오게 된 배경이다. 정명은 '명분(名)을 바로잡는다(正)'는 뜻이다. 공자는 제자 자로(子路)가 '정치를 하신다면 무엇을 먼저 하시겠느냐'고 물었을 때 '반드시 명분을 바로잡겠다(必也正名乎)'며 정치에서 정명의 중요성을 강조했다.

공자는 "군군 신신 부부 자자(君君, 臣臣, 父父, 子子: 임금은 임금답고, 신하는 신하다우며, 어버이는 어버이답고, 자식은 자식다워야 한다)"라며 명분과 그에 상응하는 덕의 일치를 강조했다. 이름을 바로잡음으로써 문제 해결의 실마리를 찾고, 나아가 이상적인 인간과 사회를 구현하겠다는 것이다.

명분과 실질의 부합은 문제 해결의 기본이다. 거꾸로 말해서 정확한 이름을 부여하지 않으면 문제 해결은 요원하다. 지금도 중국인들은 수시로 말한다.

명분이 바르고, 말이 이치에 맞는다(名正言順).
명분이 바르지 않으면, 말이 이치에 맞지 않는다(名不正, 言不順).
명분이 바르지 않으면, 말이 이치에 맞지 않고, 말이 이치에 맞지 않으면, 일이 안 된다(名不正則言不順, 言不順則事不成).

대만에서는 처음부터 끝까지 '선생'과 '교수'를 나누어서 부른다. 선생은 호칭이고, 교수는 직명이다. 한국 사회와 비교하면 분명해진다. '선생님'이라고 부르는 것이 정명이다. 대만의 대학생들은 모든 교수를 선생님이라고 호칭한다. 연구소의 어떤 부교수는 누군가 자신을 '교수'라고 부르거나 쓸 때마다 바로잡았다. 신문 기사에서도 교수는 '교수'라고, 부교수는 '부교수'라고 정확하게 명시한다.

공무원들은 자신의 직책과 이름이 적힌 점퍼를 입고 일하고, 모든 맨홀 뚜껑 위에는 해당 관리부서가 명시되어 있는 것도 같은 맥락일 것이다.

2019년 5월 17일은 대만 동성애자들에게 역사적인 날이었다. 국회에서 동성의 결혼을 인정하는 법안이 통과된 것이다. '아시아에서는 최초'라는 제목이 전 세계 주요 매체에 등장했다. 그날 국회 근처에서 결과를 기다리던 4만 명이 환호성을 올렸다. 마침내 대만의 '동지'들이 길고 긴

'우리 결혼하자! 대만 동성혼인 합법, 아시아 최초'라는 타이틀

투쟁 끝에 승리한 것이다. 법안이 통과된 5월 17일부터 다음 날까지 모든 언론 매체는 동지들의 기쁨을 전하는 소식으로 넘쳤다.

대만에 도착해서 교수들을 '동지'라고 부른 적이 있다. 친근한 분위기를 만들어보려는 시도였다. '동지'는 중국 사회주의 시기에 유행하던 호칭인데, 그렇게 부르면 중국인들은 '외국인이 그런 호칭을 알고 있다니' 하는 표정으로 재미있어했다.

하지만 한두 달 지나서 자연스럽게 알게 되었다. 대만에서 '동지'는 동성애자들을 가리키는 단어였다. 물론, 그들을 비하하는 말은 아니다. 한두 달 동안 불편한 호칭을 참아준 동료 교수들에게 미안한 마음이 들었다. 대만에서 '동지'라는 말이 어떻게 사용되는지를 내게 말해줄 것인지 말 것인지 얼마나 고민했겠는가?

신주의 성황묘

3) 신주(新竹)의 성황묘(城隍廟)

대만 어디를 가나 마을 입구에도 골목 끝에도 사원이 보인다. 대만인들은 가던 길을 멈추고 잠시나마 신령 앞에 고개를 숙인다. 심지어 동네 어귀에 외로운 영혼을 기리는 '대중묘(大衆廟)'라는 사원도 있다. 대륙에서 건너와 대만의 논밭을 힘겹게 개척한 무명 조상을 모신 사원이다. 그들의 노고를 잊지 않고 기억하겠다는 다짐의 공간이다.

편의점 아가씨는 마조묘를 비롯해서 각종 묘를 지나갈 때마다 꼭 인사한다고 했다. 하지만 꼭 소원 성취를 빌며 그러는 것은 아니라고 했다. 어릴 적 부모님 손을 잡고 다니면서 생활화된 습관이어서 어른이 되어서도 당연히 인사를 드린다는 것이다. 이런 것이 밈(meme), 즉 문화적 유전자이다. 이것이 지역(국가) 문화와 지역민(국민)의 정체성을 만든다. 어떤

타이베이 북부 관광지 주펀(九份) 마조묘

'종족'이나 '민족'이라는 말보다 어떤 '문화'라고 불러야 한다는 주장이 힘을 얻는 이유이다.

대만인들은 마조묘를 비롯한 수많은 사원에서 소원을 빌고 용서를 구한다. 하지만 편의점 아가씨의 말처럼 ─너무 많은 소원을 빌어서─ 신령이 다 들어주지 못하거나 들어주지 않을 뿐이다. 서구 개념으로 본다면 이는 종교가 아니라 문화라고 말하는 것이 타당하다. 그렇다면 대만인들은 마조의 신도가 아니라 팬덤이다.

마조묘에는 모든 신이 사이좋게 모여 있다. 중국에는 비교적 많은 신이 있지만, 이렇게 많은 신령을 한자리에 모시는 것은 대만의 특징이다. 대만에는 30가지가 넘는 종교가 있다고 한다. 대만인들이 네덜란드, 스페인, 중국, 일본, 국민당 등의 다양한 문화를 경험했기에 이런 포용력을 발휘할 수 있을 것이다.

타이베이 대표 상가인 다다오청(大稻埕)에 유명한 마조 사원인 츠성궁(慈聖宮)이 있다. 중앙에 마조를 중심으로 오른쪽 방에는 세상의 길흉화복을 관장하는 태세(太歲), 토지를 관장하는 토지공(土地公), 땅의 신인 복덕신(福德神), 남녀인연을 맺어주는 월하노인(月下老人), 사업 운을 주관하는 관공(關公), 시험 운을 주관하는 문창공(文昌公) 등이 있다. 왼쪽 방에는 마조, 관세음보살, 불조(佛祖, 석가모니), 자식을 점지해주는 주생낭낭(註生娘娘) 등이 있다. 그야말로 인간 세상에서 상상할 수 있는 모든 신을 모셔두었다.

다다오청에서 가장 많은 팬을 거느린 사원은 단연 성황묘이다. 사랑의 인연을 찾아주기로 영험하다는, 그래서 전 세계에서 찾아오는 참배객이 끊이지 않는 샤하이 성황묘(霞海城隍廟)이다. 인연을 간구하는 현장이기에 당연하겠지만 성황부인(城隍夫人)까지 모셔져 있다.

샤하이 성황묘

대만에서는 불교와 도교가 거의 비슷한 영향력을 보여왔다. 하지만 최근에는 젊은이들이 상대적으로 예법이 간단하고 단순한 불교에 관심을 보이는 경우가 많다고 한다.

대만인들은 단 한 번의 종교전쟁을 치른 적이 없다는 사실을 자랑으

샤하이 성황묘의 벽타일

감사합니다! 하느님

성당 미사 시간, 민남어와 표준어 그리고 영어 미사

타이베이 어느 교회 담장

로 여긴다. 작가 아민 말루프는 "어떤 종교도 전적으로 관용적이지는 않다."라고 했다. 종교는 강한 정체성 때문에 종교 간 충돌을 예비하고 있다고 해도 과언이 아니다. 하지만 대만에서 이해관계에 따른 민족 분쟁은 있었지만, 종교전쟁이 단 한 차례도 없었다는 사실은 주목할 만하다. 정체성이 가장 강하다고 할 수 있는 종교는 그 사회의 거울이다.

1872년 캐나다에서 대만에 선교하러 온 조지 매케이(중국명 馬偕)는 일찌감치 대만에 서구식 종교는 없다고 결론지었다. 그는 현재 진리대학(真理大學)의 옥스퍼드 칼리지 건물로 쓰이는 교회를 지을 때, 파격적으로 건물 꼭대기에 중국 전통 탑 형식의 장식을 만들어 올려놓았다. 그 교회는 국가급 유물로 보호되고 있다.

매케이의 전도 방식은 원래 예수의 가르침대로 철저하게 약자와 소수를 대상으로 했다. 그는 대만 원주민에게 관심이 많았다. 매우 배타적이었던 원주민들을 치료해주면서 그들의 마음을 얻었다. 진정한 기독교 정신을 구현하고자 했던 그의 업적은 전국 여러 곳 종합병원(馬階醫院)으로 남아 있다.

지금도 대만의 교회는 전도 초기의 초심을 잃지 않고 있다. 규모가 작은 대만 교회는 신도가 50명 정도 되고, 아무리 많아도 1천 명이라고 한다. 교회가 대만인들의 존경을 받고 있다고, 이구동성으로

진리대학 꼭대기 장식

진리대학 옥스퍼드 칼리지 앞의 매케이 목사상

말한다.

이 밖에도 타이베이의 유명한 사원으로 유구한 역사의 룽산사(龍山寺), 건강 기원을 잘 들어준다는 유네스코 문화유산인 바오안궁(保安宮), 대만 최대 규모인 관두궁(關渡宮) 등이 있다. 대만인들은 설날처럼 특별한 날에는 당연히 사원에 가는데, 한 곳이 아니라 서너 군데에 가서 이런저런 영험을 구한다.

길을 걷다 보면 '푸징궁(福景宮)'이라는 사원 이름을 자주 보게 된다. 징푸궁(景福宮)이 아니라 푸징궁이다. 징푸궁은 복을 비추어주는 궁인데, 푸징궁도 마찬가지이다. 경복궁은 조선의 국왕이 살았던 곳이고, 복경궁(푸징궁)은 대만의 신이 사는 공간이다.

푸징궁은 토지신인 복덕신을 모시는 사원이다. 학부 강의시간에 화교 교수가 우리에게 질문한 적이 있다. 복덕방(福德房)이 왜 복덕방이냐는 것이다. 자신은 아무리 생각해도 한국에서 부동산 중개소를 왜 '복덕방'이라고 부르는지 모르겠다고 했다. '복덕방'의 어원을 아는 사람이 없다고

2019년 설날 신주시 관우묘(關廟)

루강의 관우묘

루강 마조묘의 참배 광경

했다. 그분은 한국에서 태어나고 자란 화교여서 토지신인 복덕신을 모신 사원을 보지 못했던 것이다. 나는 대만에서 그 오랜 궁금증을 풀었다.

설날 전후해서 상황을 보고 싶어 신주시 성황묘에 세 차례 다녀왔다. 매일 인파가 끝없이 몰려와 새해의 복을 구했다. 빈부귀천을 떠나 신령에게 의지하고 기구하는 연약한 모습을 서로 노출하는 시간이다. 참배객들 덕분에 성황묘를 중심으로 거대한 상권이 형성되었다. 먹어야 살고, 팔아야 사는 인간의 조촐한 삶이 신령과 함께하고 있다.

유럽에서 성당을 중심으로 식당, 상점, 카페가 모여 있다면, 마찬가지로 대만에서도 사원을 중심으로 상권이 형성되어 있다. 대만 어디를 가나 마조묘나 성황묘를 식당과 상점이 빼곡히 둘러싸고 있다. 주변 식당과 상점을 살펴보면, 그 지역 특산물이 무엇인지도 금세 알 수 있다. 1백

타이베이 관두궁(關渡宮)

신주시 성황묘 앞 돼지고기 덮밥 노포

빨간색 나뭇조각

~2백 년 된 맛집도 대부분 근처에 있다.

신주시 성황묘의 역사는 3백 년이나 되었다. 건물을 보는 순간, 바로 보물임을 깨닫게 된다. 미학적으로 대만의 사원들은 전통 종합예술품 세트라고 할 수 있는데, 사원을 장식한 목각, 석각 등의 공예를 눈여겨볼 필요가 있다. 대만에서 규모가 제일 큰 사원인 관두궁(關渡宮)의 방 하나는 전체가 목조 예술품인데, 대만의 모든 조각가가 십여 년간 매달렸다는 설명을 들은 적이 있다 .

성황묘에서 대만인들이 하듯이 빨간색 반달처럼 생긴 나뭇조각으로 점치는 시늉을 해보았다. 점괘가 무엇이든 그 과정에서 이미 자기 삶을 한번 돌아보게 된다. 대만의 종교에는 그런 기능이 있다.

고향 하회에서 평생 종가 충효당(忠孝堂)을 지켰던 종부는 우리가 조상 덕에 잘살고 있다는 말씀을 입에 달고 살았다. 대만의 사원 주변에서 장사하는 사람들도 신령 덕에 살아간다고 볼 수 있다. 대만은 그렇게 현실과 낭만의 통합을 보여준다. 신령 덕에 먹고 살고, 먹고 살려고 신령을 모시는 것 같다. 대만 어디나 사원이 없는 곳이 없으니 그런 차원에서 신령 세계와 인간 세상 구분이 없다. 굳이 이승과 저승, 차안과 피안의 구분이 필요하겠는가!

4) 타이중(台中)의 전란궁(鎮瀾宮) - 마조묘(媽祖廟)

마조는 대만을 대표하는 신령이다. 글자 그대로 푼다면 엄마(媽) 같은 조상(祖)이다. 대만인들에게는 어머니 같은 존재라고 할 수 있다. 마조와 대만인의 정신세계는 분리해서 생각할 수 없다. 마조의 신도는 1천 4백만 명으로 집계된다. 대만 전체 인구의 60%에 해당한다. 대만에는 크고 작은 마조묘가 5백 개가 넘는다.

마조는 바다의 신이다. 대만이 섬나라이기에 바다를 다스리는 신령이 인기를 끌었을 것이다. 사방이 바다이기에 그들을 보호해주는 신령이 필요했다. 민간에서는 '마조 할머니'라고 부르는데, 원래 복건성 사람이다. 마조의 어머니가 꿈속에서 관세음보살이 주는 환약을 먹고 잉태했다고

곤경에 처한 뱃사람들을 도와주는 마조 이미지. 펑호(澎湖) 박물관

루강 마조묘

한다. 막 태어났을 때도 울지 않고, 미소를 지었다고 해서 이름이 묵묵할 묵, 임묵(林默)이었다. 어릴 때부터 불교와 도교 경서를 두루 읽고, 기도를 많이 하는, 그런 아이였다.

13세에 도사에게 법술을 배우고 신통력이 생겼다고 한다. 28세에 바다에서 조난한 아버지를 구하다가 목숨을 잃었다. 평생 결혼하지 않고, 남을 도우며 살기로 작정했으나 결혼을 강요당하자 자살했다는 설도 있다. 그녀가 죽던 날 오색구름이 보였고, 하늘에서 아름다운 음악이 들려왔다고 한다.

곧 임묵이 빨간색 옷을 입고 바다에서 곤경에 처한 뱃사람들을 도와준다는 소문이 나자 그들이 배에 마조 신상을 모셨다. 임묵은 그 공로를 인정받아 송대 고종 때부터 부인(夫人), 비(妃), 천비(天妃) 등 36차례나 책봉을 받았다. 청대에 이르러 강희제가 천후(天后)로 책봉했고, 나라에서 제사를 지내기 시작했다. 이후 그녀를 모신 사원을 '천후묘(天后廟)'라고 불렀다. 민간 신에서 정부 공인을 받은 신으로 격상되었다. 그 덕분에 더 널리 알려졌다. 대만인들에게 마조는 자애, 관용, 평화를 상징하는데, 나는 그 처절했던 대만 역사를 집약해서 보여주는 여신이라고 생각한다. 그런 점에서 마조는 포용의 신령이다.

중국 복건성과 대만해협 사이에 '마쭈도(馬祖島)'라는 섬이 있다. 복건성 해안과 마쭈도에서 마조의 전도를 위해 마조 상을 바다에 띄워 보낸 것이 대만에 도착해서 발전했다는 설이 있다. 마조 신앙은 대륙 복건성에서 시작되었지만, 이제는 거꾸로 대만인들이 복건성에 마조묘를 세워준다고 하니 가히 대만의 종교라고 할 만하다.

1684년(강희 23년) 청나라는 공식적으로 대만을 중국 영토에 편입했다. 복건성 예하에 대만부(台灣府)가 설치된 것이다. 이와 더불어 각지에

대만 해협 지도

서원과 향학을 설립해서 인재를 양성하기 시작했다. 이후 복건성과 광동성에서 대만으로 향하는 이민 바람이 불어 많은 사람이 들어오기 시작했다. 80년 동안 70만 명이 들어왔다는 기록이 남아 있다. 험한 대만해협을 통과해서 생소한 섬에 정착하기까지 의지할 것이라고는 자기 마을에서 믿던 신령뿐이었다. 그렇게 각자 자기가 믿는 신령을 어깨에 모시고 와서 대만 각지에 정착했다.

　루강 마조묘의 마조 상은 4백 년 역사를 자랑한다. 오늘날 대만 마조 신령의 어머니 격이다. 대만의 모든 마조는 루강 마조의 딸이라고 할 수 있다. 마조를 분가시킬 때도 방법이 있다. 나무로 만든 기존 마조의 몸에서 작은 조각을 하나 떼어내서 새로 만든 마조 상에 붙인다. 그러면 기존 마조는 어머니가 되고, 새로 만든 마조 상은 자식이 되어 평생, 아니 영원히 그 관계를 유지하게 된다.

전란궁의 마조 캐릭터

대만을 여행하다 보면 곳곳에서 마조 관련 이벤트를 만나게 된다. 대부분 자식 마조가 어머니 마조를 찾아뵙는 행사이다. 그것을 '마조의 환궁' 즉 '후이롼(回鑾)'이라고 한다.

대만인들은 '3월에 미친 마조'라고 말한다. 음력 3월에 마조는 가장 인기 있는 신령으로 추앙받는다. 23일 마조의 생일에 대만인들의 발걸음은 마조묘로 향하고, 아낌없이 향을 사른다. 춘절에는 찾지 않았던 사람도 음력 3월의 마조 축제에는 참여한다. 남녀노소 모두 참여해서 대만인의 정체성을 다시 한번 확인하는 행사로 새벽부터 한밤중까지 계속된다. '풍조우순(風調雨順)'과 '조국부강(祖國富強)' 등 안녕과 발전을 기원하는 문구의 깃발이 휘날리는 등 대만 방방곡곡 커뮤니티의 가장 큰 행사로 자리 잡았다.

마조의 부하 천리안(千里眼), 루강의 마조묘

그중에서도 타이중의 전란궁(鎭瀾宮) 활동이 가장 유명하다. 전란궁의 역사는 1732년(청 옹정 10년)까지 거슬러 올라간다. 마조의 생일에 이곳에서도 8박 9일 라오징(遶境, 마조 상을 모시고 나와 커뮤니티에 다니면서 복을 나누어주는 활동) 행사가 시작된다.

마조의 부하 순풍이(順風耳), 루강의 마조묘

평호(澎湖)의 마조묘

대만인들은 어머니가 딸을 찾고, 딸이 어머니를 찾는다는 식으로 설명한다. 마조 상이 지나가는 길목 주변 식당들은 공덕을 쌓고자 사람들에게 음식을 무료로 대접하기도 한다.

전란궁의 활동은 이미 국가 무형문화재가 되었다. 2019년 4월 7일, 라오징 첫날 전란궁에 신도 15만 명이 모였다. 국가 최고 지도자인 총통을 비롯해 손꼽히는 정치인들이 시간대별로 방문해서 신위를 옮기거나 참배했다. 특히 마조 상을 모신 가마를 누가 메느냐가 초미의 관심사가 된다. 차기 대권을 잡을 인물로 인식되기 때문이다.

종교는 사회를 심층적으로 들여다볼 때 중요한 창구가 된다. 인류학자 레비-스트로스는 이렇게 말했다. "문자가 없는 사회를 연구하려면, 세 가지를 연구해야 한다. 가족 및 사회조직, 경제생활, 그리고 종교적 사고이다." 그는 '문자 없는 사회'라는 단서를 달았지만, 문자가 있든 없든, 이 세 가지 조건 특히 종교는 문화 분석의 핵심 요소인 것 같다.

어떤 외국인 학자는 밤 비행기를 타고 인천 공항에 내리기 전 서울 상공에서 ─도시를 온통 뒤덮은─ 빨간 십자가를 내려다보고 한국을 알게 되었다고 했다. 나는 대만 어디를 가나 만나게 되는 크고 작은 마조묘와 그 활동을 보며 대만을 이해하게 되었다.

마조가 대만의 사회 문화에서 얼마나 큰 자리를 차지하는지를 알 수 있는 일화가 있다. 2020년 1월 대만의 국가수반인 총통을 선출하는 선거를 앞두고, 최대 재벌인 궈타이밍(郭台銘) 회장이 출마를 선언했다. 그가 외친 한마디가 인구에 회자된 적이 있다. 바로 마조가 꿈에 나타나서 출마를 권유했다는 것이다. 그는 미국에 있는 자기 공장에 갈 때도 전용 비행기에 마조 상과 관우상을 모시고 간다.

5) 고궁박물원(故宮博物院)

2017년 7월, 대만의 국립고궁박물원은 통 큰 결정을 내렸다. 7만 장이 넘는 문물 사진과 자료를 인터넷에 공개하고, 누구든지 무료로 다운받을 수 있게 한 것이다. 2019년 현재 그 자료의 수는 10만 장이 넘는다고 한다. 대만인들에게 고궁박물원의 의미는 무엇일까?

한국인들이 생각하는 국립박물관과는 많이 다르다. 한국인들은 기본적으로 한반도의 전통문화를 담은 그릇으로서 국립박물관의 권위를 인정한다. 그리고 국립박물관 소장품을 한국인의 것으로 인정한다. 모든 소장품이 지금 한국에서 사는 '우리'와 관련 있다.

대만 고궁박물원의 소장품들은 대만과 얼마나 관계가 있을까? 사실, 대만 역사와 무관하다. 모두 바다 건너 대륙에서 생산된 유물이다. 대만의 정체성을 중시하는 사람들에게는 매우 불만스러운 공간이다. 대만의 보물은 한 점도 없기 때문이다.

국민당을 비롯한 통일파에게 고궁박물원은 반드시 수복해야 하는 대륙을 환기하는 장치이다. 대만인들은 고궁박물원을 통해 통일을 지상 과제로 삼은 국민당의 고집을 본다. 통일을 반대하는 독립파에게 고궁박물원은 통일 이데올로기의 상징이기에 불편하다. 심지어 대만 독립파 중에는 고궁박물원을 대륙에 돌려주자고 주장하는 사람도 있다.

크게 보면 고궁박물원은 대만인도 중국인임을 말해주는 통합의 상징이다. 원래 대만인들은 문화적으로 중국인임을 자랑스러워했다. 1895년 대만이 일본에 할양되고, 1915년 일본 식민정부가 대만인들의 변발과 전족을 금지했다. 뜻밖에도 대만인들은 저항했다. 조상의 신위 앞에서 변발을 지키지 못한 것을 억울해할 정도로 문화 중국의 유전자를 자랑스러워

대만 관광 안내도   신주시 동문 근처의 맨홀 뚜껑

했다. 하지만 1945년 해방 이후 국민당 통치를 경험한 대만인들은 중국인으로서의 자부심을 포기하기 시작했다.

최근 고궁박물원을 북, 중, 남, 3원으로 분리하자는 주장이 대두했다. 집권당인 민진당이 추진했다. 문헌박물관, 서화박물관, 기물박물관으로 나누어서 자연스럽게 '고궁박물원'이라는 이름을 없애고, 베이징 고궁박물원과의 관계도 단절하자는 것이다. 궁극적으로 대만의 독립을 염원하는 민진당의 생각이 반영되었다.

고궁박물원 배경에는 국민당의 친중국과 민진당의 탈중국의 힘겨루기가 있다. 1987년 계엄 해제 이후 불어 닥친 대만 정체성 찾기 운동은 대륙과의 단절에 대한 희망을 반영한다. 통합과 분리의 맥락에서 읽어야 양안 관계의 진실이 보인다. 통합과 분리는 국민당과 민진당이 짊어진 숙제이다.

1911년 신해혁명의 성공으로 청나라 마지막 황제 부의(溥儀)가 퇴위를 선포하면서 수천 년 역사의 봉건왕조가 막을 내렸다. 원래 부의는 자금성에서 살 권리와 국고에서 예산을 지급받는 대우를 보장받았다. 하지만 역사의 소용돌이에 휩쓸려 이마저도 유지하지 못했고, 1924년 출궁 조치를 당했다.

그다음 해인 1925년 자금성에 '고궁박물원'이라는 현판이 내걸렸다. 한 많고 사연 많은 중국 현대사와 함께 고궁박물원의 고된 역사가 시작된 것이다. 1931년 일본군이 만주를 침범한 9·18사변이 일어나자 유물을 안전하게 보존하려고 남쪽 대도시 상하이(上海)로 옮겼다. 하지만

부춘산거도(富春山居圖)의 첫부분과 끝부분, 국립고궁박물원 제공.

1937년 중일전쟁이 일어나 상하이에서도 안전을 보장받기 어렵게 되었다. 1947년 임시 수도였던 난징(南京)에 집결되었던 보물들은 국공내전에서 국민당 군대가 열세를 보이자 다시 대만으로 옮겨져야 했다. 1965년 고궁박물원이 문을 열면서 일반에 공개되었다.

고궁박물원은 양안에 '중화 문화'라는 같은 뿌리가 있음을 상징하는 중요한 아이콘이다. 이런 사실을 증명하는 이벤트가 고궁박물원 개원 85주년인 2011년에 열려 대대적으로 주목받았다. 하나는 원대(元代)의 저명한 산수화가인 황공망(黃公望)이 그린 「부춘산거도(富春山居圖)」의 재회였다. 이 그림은 원래 불에 타서 두 부분으로 나뉘어서 각각 절강성 박물

타이베이시펑(臺北戲棚, TaipeiEYE)의 경극
공연

경극 캐릭터 인형

관과 타이베이의 고궁박물원이 소장하고 있었다. 2011년 타이베이 고궁
박물원에서 둘이 합쳐져 전시되어 해협 양안의 미담으로 뉴스를 장식한
적이 있다.

또 타이베이 고궁박물원과 베이징의 고궁박물원은 서로 협조해서
『서예법첩(書藝法帖)』을 함께 만들기도 했다. 원래 청나라 건륭제의 서재
인 삼희당(三希堂)에 '서예의 성인'으로 불리는 왕희지(王羲之)의 글씨 등
세 건의 국보급 서예 작품이 있었다. 왕희지의 글씨는 타이베이의 고궁
박물원으로 왔고, 유실된 나머지 두 건은 베이징 고궁박물원이 보관해왔
다. 그러다가 2011년 세 작품을 합쳐서 건륭제 당대에 만들었던 것과 똑
같은 크기의 법첩을 만들어 출판했던 것이다.

실제로 대만과 중국이 같은 '중국'이라는 사실을 순간순간 확인하게
된다. 학자들이 말하는 문화 중국을 뜻하는 것이다. 세시풍속과 음식 등
문화적으로 같은 정서를 공유한다. 앞서 말했듯이 이런 현상은 '같은 민
족'이라는 말보다는 '같은 문화'라는 말이 더 정확하게 설명한다. 통일
(통합)을 원한다면, 무엇보다도 문화적 공감대를 우선해야 한다는 주장
이 힘을 얻고 있다.

6) 국부기념관(國父紀念館)

2019년 5월 그날도 타이베이 도심에 있는 국부기념관에서는 위병 교대식이 열리고 있었다. 수많은 관광객이 지켜보는 가운데 한 치의 실수도 용납하지 않고 숨도 쉬지 않을 것 같은 위병들의 동작은 하나의 예술 작품 같았다. 이런 교대식은 장제스를 기념하는 자유광장(중정기념당)에서도, 국립묘지인 충렬사(忠烈祠)에서도 똑같이 열린다. 대나무 같은 절도의 대만을 상징하는 이미지이다. 하지만 훈련에 훈련을 거듭해야만 얻을 수 있는 결과라는 점에서 나처럼 불편함을 느끼는 사람도 있지 않을까?

고등학교 시절 집 근처에 화교 중고등학교가 있었다. 아침마다 정해진 시간에 장중하면서 구슬픈 노랫소리가 들려왔다. '삼민주의(三民主義)'로 시작되는 그 노래의 다음 구절은 당연히 알아들을 수 없었다. 그 노래가 바로 중화민국의 국가(國歌)라는 사실을 나중에 대학 중문과에 다니면서 알게 되었다.

장엄한 국가의 첫머리에 나오는 그 삼민주의(민족, 민권, 민생)는 중국과 대만 양쪽에서 존경받는 국부 손문(孫文)의 주장이었다. 손문의 꿈은 우선 대중화(大中華), 즉 한족 중심의 중화주의였다. 그는 중화사상으로 무장한 사람이었다. 당시 모든 문제를 통치자인 만주족의 책임으로 돌렸다. 나라를 한족이 되찾으면 모든 것이 정상으로 돌아온다고 믿을 만큼 만주족을 증오했다. 어쩌면 그가 주장하는 민주공화제와 민생과 균부(均富)는 한족의 나라를 세우는 수단에 불과했다.

역사가 어려운 이유는 평가에 있다. 역사는 우리 인생처럼 현재 시점에서 돌아보면 잘못된 것이 많다. 하지만 다시 생각해보면 당시로서는 그것이 최선의 선택이었을 수도 있다. 손문은 만주족이 열등하다고 보았던 민족 차별주의자였다. 그의 글에는 오늘날 기준으로 보면 말도 안 되는 논리가 많다.

그의 삼민주의는 미국을 비롯한 서구 자본주의 현재를 직접 보고 듣고 난 뒤에 정립한 사상체계이다. 자본주의와 사회주의의 상호 이용을 주장했는데, 상호 장점을 취하는 방식이야말로 미래 세계 문명의 발전을 촉진하리라 믿었다. 그렇게 해서 민족주의, 민권주의, 민생주의를 말하는 삼민주의가 탄생했다.

그는 지금 대만이 사용하는 민국 연호의 배경이 되었다. 1911년 손문의 신해혁명으로 황제가 다스리던 청나라가 멸망하고, 총통이 국가수반이 되는 중화민국이 출범했다. 2021년은 신해혁명 110주년이 되는 해였다. 해협 양안 즉 중화인민공화국과 중화민국에서는 각각 나름대로 그를 해석하고 기념하는 행사가 열렸다.

모든 역사적 인물이 그렇겠지만, 직업이 혁명가인 손문에 대한 평가도 하늘과 땅 차이다. 누구는 그가 말만 앞세웠다고 비난한다. 철도 건설 공약만 해도 자기 이미지 관리만 했을 뿐, 전국적으로 철도를 단 1미터도 건설하지 않았다는 것이다. 거짓말을 얼마나 많이 했으면 별명이 '손대포(孫大炮)'였겠는가!

하지만 그는 온 국민이 가장 자주 사용하는 1백 대만달러(4천 원 정도) 지폐에 등장한다. 국부로서 그의 지위는 요지부동인 듯하다. 동전에 새겨진 장제스와 비교하면 더욱 그렇다. 대만은 손문의 정신을 장제스가 구현한 공간이다. '5권 분립'이라는 손문의 정치철학이 구현된 공간이라는 점에서 특별하다. 대만은 입법, 사법, 행정의 3권 분립이 아니라 입법, 사법, 행정, 감찰, 고시의 5권 분립이라는, 세계에서 유일무이한 제도로 경영되는 나라이다.

손문 사진, 대륙을 수복하고 대
륙으로 돌아가자는 내용

국부기념관 손문 동상

대만 어느 갤러리의 관우 조각품

손문은 5세에 하와이로 떠났고, 13세에 교회 학
교에서 기독교를 알게 되었다. 그의 성격을 엿볼 수
있는 일화가 많다. 하와이에서 자신의 변발 때문에
친구에게 모욕당한 경험은 만주족을 철천지원수로
여기게 된 이유 중 하나가 되었다. 17세에 귀국해서
고향 마을 사원에 모신 신상을 파괴하고 나서 부득
이 홍콩으로 이주했다. 홍콩에서는 형의 거처에서
관우상을 꺼내 변소에 버리기도 했다.

국부기념관에 게시된 설명문에서 여기저기 유
치함이 드러났다. 억지로 영웅을 만들려는 시도가
불편하게 느껴졌다. 글에서 불편함을 느끼는 것은
억지로 내 감정을 자극하려는 의도가 보이기 때문
이다. 손문은 공화제를 주장했다는 점에서 국민당
이나 공산당에 꼭 필요한 이미지를 제공한다. 그들
이 자신의 공화주의 정통성을 주장하는 데 필요해
서 내세운 인물이기도 하다. 전시실 설명문 제목을
잠깐 살펴보면 '독서로 나라를 구하다' '꿈이 원대
했다' '오랑캐를 쫓아내고 중화를 회복하다' '민주
공화국의 아버지' '여러분의 손중산(孫中山)' 등이
눈에 띈다.

손문은 한족 우선주의자였다. 더불어 군주제도
를 거부한 공화주의자였다. 그런 점에서 양안의 통
합을 상징하는 인물이다. 하지만 최근 대만의 탈중
국화 추세로 손문의 인기가 많이 줄어들었다. 대만

의 독립을 희망하는 민진당이 두 차례 집권했는데도 국부기념관이 존재하는 이유가 있다. 바로 탈중국을 지향하는 민진당도, 친중국을 지향하는 국민당도 이러지도 저러지도 못하는 마음의 타협이다. 분리든 통일이든 자기 정체성을 분명히 드러낼 때 감당해야 하는 정치적 부담이 너무 크기 때문이다.

무릇 사람에 대한 평가보다 어려운 것이 또 있을까? 일반인에 대한 평가도 그러할진대, 역사적 인물에 대해서라면 말해 무엇하겠는가? 백이면 백 명의 의견이 모두 다를 것이다. 마오쩌둥의 공과에 대한 중국공산당의 공식적인 평가는 공로가 70, 과오가 30이다. 하지만 마오 때문에 가족이 목숨을 잃었거나 집안이 풍비박산 난 사람들에게 그의 공과는 아무 의미가 없다.

여러분의 손중산

민주공화국의 아버지

국부기념관 기념품 가게 여주인과 가벼운 입씨름을 했다. 나는 설명문의 내용에 거짓이 많다고 했고, 그는 세상 모든 사람에게 장점과 단점이 있다고 했다. 여기에는 장점만 기록되어 있어서 거짓이라고 하니까, 그는 여기는 손문을 받드는 공간이라고 내 말을 받았다. 나는 누구를 무비판적으로 존경하는 것이 이데올로기의 위험이라고 했다. 특히 어린학생들에게 근거 없이 확신을 심어주기에 위험하다고 했다.

그는 조금도 물러서지 않았다. 아이들도 성장하

독서로 나라를 구하다

국부기념관 도서관 국부사상 관련 서적

면서 자연스럽게 생각을 정리하고, 어른이 되면 스스로 판단한다고 했다. 내가 어린 시절에 받는 세뇌 교육은 평생을 지배하므로 위험하다고 하자, 그 정도는 스스로 정리할 수 있다며 끝내 물러서지 않았다. 그는 지하 도서관에 손중산에 관한 책이 많으니 한번 읽어보라고 했다.

도서관에서 『손학(孫學) 연구』라는 잡지를 처음 보았다. 국립국부기념관에서 정기적으로 출판하는 잡지였다. '손학'이라는 제목에 깜짝 놀랐다. 중국 고전인 『홍루몽』을 연구하는 학문은 '홍학(紅學)'이고, 무협지의 대가 진용(金庸)을 연구하는 학문을 '김학(金學)'이라고 한다.

손학은 손문 연구를 체계화하고 자랑스러워하는 흐름이 있음을 보여준다. 역사적 인물을 자랑스러워하고 꾸준히 연구하는 흐름이 있다는 점에서 부러운 일이 아닐 수 없었다. 대만에는 역사적 인물의 공과를 학문 체계인 '학(學)'으로 따져볼 수 있는 문화적 저력이 있다.

7) 자유광장(自由廣場) - 중정기념당(中正紀念堂)

초등학교 4학년 때 대도시인 대구로 나온 내게 낯선 장면이 많았다. 그만큼 내 머릿속에 또렷한 기억으로 남아 있는 장면들이 있다. 우선 화교가 운영하는 중국 식당의 자장면과 군만두의 기름진 맛은 충격 자체였다. 더불어 중국 식당의 높은 벽에 걸려 있던 잘생긴 할아버지 사진도 기억한다. 그는 '국민복'이라고 부르는 옷을 입고 인자한 미소를 띠고 있었다.

장제스, 가오슝 어느 골동품점

'관상'이라는 것을 모를 때였지만, 무언가 대단한 인물임을 한눈에 알 수 있었다. 그가 누구인지 한참 지난 뒤에야 알게 되었다. 현대 중국의 지도자인 장제스였다. 그를 제외하고는 중국 현대사도 대만 역사도 이야기할 수 없다. 국민당 지도자로서 대륙의 패권을 두고 중국공산당과 장기간 전쟁을 주도한 그는 어쩔 수 없이 권위주의의 상징이 되었다.

장제스는 전쟁으로 폭등한 물가를 잡고자 화폐개혁을 단행해서 4만 원을 1원으로 가치 절하했다. 현금을 많이 가지고 있던 사람들은 모두 고생했다. 곧이어 단행한 토지개혁으로 토지 소유자들도 재산 손실을 피할 수 없었다. 국민당의 화폐개혁과 토지개혁으로 수많은 피해자가 발생했다. 결과적으로 그들은 국민당에 반감을 품게 되었고, 진보 성향의 민진당을 지지한다.

장제스는 역사의 충신일까? 간신일까? 대만은 1949년부터 1987년까지 38년 동안 계엄하에 있었다. 국민당은 1945년부터 1992년까지 계속해서 집권했는데, 시종일관 권위주의 체제를 유지했다. 줄곧 전쟁 상태였기에 긴장을 풀 수 없었다는 말이 정확할 것이다. 대만과 복건성 사이, 아니 복건성 바로 코앞에 '진먼도(金門島)'라는 섬이 있다. 실제로 이곳에서는 1979년 미국과 중국이 수교할 때까지 20년 넘게 쌍방의 포격전이 계속되었다.

2000년 민진당이 집권하고, 2007년부터 '탈(脫) 장제스' 운동을 추진하고 있다. 민진당은 집권할 때마다 '정의 바로 세우기(轉型正義)'를 명분으로 국민당 집권 기간에 대한 적폐 청산에 나서고 있다.

장제스의 아호는 중정(中正)이다. 그 뜻은 아이러니하게도 어느 한쪽으로 지나치거나 모자람이 없이 곧고 올바르다는 뜻이다. 타이베이 중심에 그를 기념하는 거대 공원인 중정기념당을 만들었다. 지하철역 '중정기념당역'이 '민주 기념역'이 되었다가, 다시 '중정기념당역'이 되었다. 집권당이 바뀔 때마다 지하철역 이름도 바뀐 것이다. 보수적인 국민당과

장제스, 가오슝 문창지구

자유광장 패방

진보적인 민진당의 철학이 그대로 반영되었다. 권력의 힘이 지하철역 이름에 여지없이 적용된 대표 사례라고 할 수 있다. 역사 바로 세우기도, 역 이름 짓기도 모두 자기가 기준이다. 중정기념당도 마찬가지인데, 그 앞의 광장은 '자유광장'으로 호칭되고 있다. 대만 사회는 이렇게 절충점을 찾았고 합의를 이루어낸 것이다.

중정기념당의 웅장한 건물은 일단 보존하기로 사회적 합의를 보았다. 하지만 그 안에 있는 장제스의 동상에 대해서는 논쟁이 계속되고 있다. 그대로 둘 것인지 없앨 것인지 정하지 못한 채 마냥 도마에 올라 있는 상태이다. 민주역사기념관과 문예활동 공간으로 전환하자는 요구도 있다. 역대 총통 기념관으로 사용하자는 의견도 있다. 2023년 1월 중정기념당 전시실에 들어서는 순간 나는 대만 사회가 마침내 이루어낸 합의점에 탄복을 금할 수 없었다. 장제스를 기념하는 전시실과 대칭되는 곳에 대만 민주화 역사를 전시하고 있었던 것이다. 역사 갈등에 대한 판단을 관람자 각자의 몫으로 돌린 것이다.

중정기념당의 3군 의장대 교대식은 한국인들에게도 잘 알려진 볼거리이다. 대만 관광의 상징이기도 해서 반드시 보아야 하는 장면으로 꼽힌다. TV「세계테마기행」대만 편 큐레이터로 출연했을 때 나는 의장대 교대식 소개가 꼭 필요하냐는 의문을 제기했다. 미동도 하지 않고 한 시간을 부동자세로 서 있는 헌병이 너무 힘들어 보였다. 대만 사회는 물론 정부 부처 간에도 의견이 다른 모양이다. 교대식을 그만두자는 문화부의 제안을 국방부가 거절했다고 한다.

2018년 2월 28일, 대만 독립을 지지하는 청년이 장제스의 묘가 있는 츠호(慈湖)에 침범해서 페인트를 뿌리는 등 소란을 피웠다. 2019년에도 2·28 민주화운동 기념일을 며칠 앞두고 국립정치대학에서 사달이 났다. 정치

츠호 기념품점 양장(장제스와
아들 장징궈 총통)이 '여러분
을 기다리고 있어요'라는 문구
가 보인다.

츠호 입구의 동상

정치대학 장제스 동상

대학은 장제스가 공무원 양성을 목적으로 세운 공무원 사관학교이다.

정치대학에는 원래 장제스 동상은 두 개 있었는데, 하나는 도서관 앞
에, 다른 하나는 후원에 있었다. 지금은 후원에만 남아 있는데, 말 탄 모습
을 재현한 기마 동상이다. 한밤중에 대만대학의 대학원생 열댓 명이 접
근해서 톱으로 말의 다리 하나를 자르고, 동상에 페인트를 뿌렸다.

칭화대학은 타이베이에서 한 시간 거리 신주시에 있다. 대학 정문 앞
에 장제스를 모셔서 유명해진 '텐훙궁(天宏宮)'이라는 사원이 있다. 설립
자는 전국에서 철거된 장제스의 동상을 모두 수거해서 이곳에 모셔두었
다. 장제스를 싫어하는 사람들이 여기에도 난입해서 페인트칠을 한 적이
있다. 설립자는 억울함을 호소했다.

왜 다른 사람의 존경할 권리를 방해하는가? 나는 장공도, 관공(관우)도,
상제도 모신다. 나는 국민당원이 아니다. 나는 그저 장공이 국군과 함께
대만에 왔다는 사실을 고마워할 뿐이다. 그는 북벌전쟁과 항일전쟁 당

톈훙궁

장제스가 쓴 평호의 '무망재거'

시 이 나라를 이끌었다. 그가 없었다면 중화민국은 일찌감치 망했을 것이다.

1950년 한국전쟁이 발발하자 장제스는 대륙을 수복할 절호의 기회라고 생각했다. 복수하려고 와신상담(臥薪嘗膽)해온 세월에 대한 보상이라고 믿었다. 철저히 준비했으니, 충분히 자신 있었다. 하지만 매번 미국의 제지로 주저앉았다. 어떻게 보면 장제스는 통한의 지도자였다.

지금도 당시에 써놓은 '무망재거(毋忘在莒, 어려운 시절의 고생을 잊지 말라)'라는 경구 네 글자를 대만 곳곳에서 볼 수 있다. 공산당에게 빼앗긴 산하를 되찾고, 통일 대업을 이루기 위해, 이를 악물고 노력하기로 다짐한 장제스의 좌우명이다. 전국적으로 벽에도, 기둥에도, 돌에도 새겨놓아 그가 대륙을 다시 찾기 위해 얼마나 절치부심했는지 알 수 있다.

그에게 '대만'이라는 공간은 더는 물러설 수 없는 마지막 기회였다. 무조건 잘되어야 하고, 잘 만들어야 했다. 따라서 잘났든 못났든 대만의 현재는 장제스와 불가분의 관계가 있다.

장제스는 손문과 마찬가지로 유교를 통치 이데올로기로 삼았다. 중등학교의 가장 중요한 교재였던 『중국문화 기본교재』는 장제스가 국부 손문의 정신을 계승 발전시켜 정리한 것이다. 『논어』 『맹자』 『중용』 『대학』 사서를 정리했지만, 기본적으로 장제스의 사상체계이다. 공맹사상을 '공산당을 이기고 나라를 되찾는' 반공복국(反共復國)에 동원했다는 평가를 받는다. 주요 내용은 아래와 같다.

1. 반공 투쟁은 문화 전쟁이다.
2. 삼민주의 실천을 통해 반공 대륙의 대업을 완성하자.
3. 삼민주의 신중국은 천하가 공평하게 되는 대동 사회의 기초이다.
4. 삼민주의가 중국을 구할 수도 있고, 세계를 구할 수도 있다.
5. 오직 삼민주의 실현만이 유가의 대동 이상을 실현할 수 있다.

유교가 국민당의 정치 권위에 봉사하는 수단으로 전락했다고 비판하는 학자도 많다. 1987년 7월 계엄이 해제되면서 국가유교주의도 소멸했다. 이데올로기로서 국가와 유교가 종말을 맞이했고, 드디어 개인을 중시하는 시민 사회가 출범했다.

권위와 질서의 차이는 무엇일까? 누구는 장제스를 권위의 상징으로, 누구는 질서의 상징으로 볼 것이다. 바꾸어 말하면 장제스는 서슬 시퍼런 권위주의 자체이기도 하고, 반듯한 사회질서의 상징이기도 하다. 어쨌든 오늘날 대만은 손문의 사상을 계승하고 발전시킨 장제스의 철학이 구현된 곳이다.

한때는 격전지였지만 지금은 '진먼 고량주(金門高粱酒)'와 대포 탄피

탄피로 식칼을 만드는 공장, 진먼도

로 만든 식칼로 유명한 진먼도에는 장제스의 동상이 남아 있다. 아마도 과거에 격전지였고, 그를 숭배하고 인정하는 사람이 많은 곳이기에 동상도 유지되었을 것이다.

박사반 시절 수업이 끝나고 대만에서 온 황진흥 교수와 식사하면서 완인(完人)의 예를 들어달라고 했다. 그분은 내게 먼저 '완전한 인간'의 기준을 말해 달라고 했다. 완인은 원래 문무를 두루 갖춘 사람이었는데, 나중에는 인격과 실력을 갖춘 사람을 뜻하게 되었다. 완인의 기준을 제시하라고 했던 황 교수는 내게 모든 평가는 기준에 따라 달라진다는 가르침을 주고 싶었던 것이다.

8) 228 평화공원(228和平公園)

228 평화공원 표지판

대만성 담배 술 전매국이 허가한 상점

국민정부가 대만을 접수하다
(2·28 국가기념관)

1947년 2월 27일 정부 전매품인 담배를 노점에서 팔던 여인을 단속원과 경찰이 폭행한 사건이 일어났다. 이에 항의하는 시위가 전국으로 퍼지자 군경이 총으로 무자비하게 진압했다. 한국에도 잘 알려진 영화 「비정성시(非情城市)」의 배경이 된 사건이다. 대만의 2·28 민주화 운동은 한국의 광주 민주화 운동처럼 현대사의 가장 큰 아픔이기도 하다. 너무나 큰 상처여서 아직도 꺼내기가 조심스러운 화제이다.

1945년 일본 제국주의가 항복하고, 대만을 접수한 국민당 정부는 1년도 채 되지 않아 일본어 사용을 금지했다. 그리고 대만인들에게 정복자 같은 태도로 군림하기 시작했다. 대만인을 정부 공무원으로 채용하지도 않으려고 했다. 대만인은 모든 분야에서 2등 국민 취급을 받았다. 심지어 적군인 일본인과 같은 존재로 인식되기도 했다.

대만에 살던 본성인 사이에서는 '개가 가더니 돼지가 왔다'는 말이 유행했다. 누적된 불만이 광복 이후 1년 6개월 만에 폭발했다. 1947년 군경의 발포로 지금 228 평화공원이 있는 타이베이의 쉬교(旭橋)에서 8명이 죽고, 18명이 다쳤다.

2·28 사건 처리(수습) 위원회는 정부 각 부문에

본성인을 임명할 것과 전매제도 취소, 일본 재산 처리 과정에 본성인도 참여시킬 것을 건의했다. 하지만 약속과 달리 새로 도착한 증원 부대는 대만 전역에서 1만여 명을 살해했다. 일본 통치 시기 양성된 대만의 지식인을 전부 도륙했다는 분석도 있다.

2·28 사건 이후 본성인들은 자기 몸에 중국인의 피가 흐른다는 사실에 치욕을 느낀다고 말할 정도로 분노했고 실망했다. 많은 학자가 2·28 사건으로 대만인들의 조국(중국) 의식이 상

2·28 기념관의 2·28 사건 설명문

실되었다고 주장한다. 나는 이 사건을 중국인이 아니라 '대만인'이라는 정체성이 형성되기 시작한 시점으로 본다.

신주시청이 발행하는 잡지 『신주 생활』의 첫 페이지에 '신주시 2019 평화 기념일 추도 음악회'가 소개되었다. 정확하게 2월 28일 오후 2시 28분에 228 평화 기념 공원에서 열린다는 알림이었다. 피해자 가족과 지방의원, 그리고 시민을 초청해서 묵념하고 헌화하는 행사였다. 2월 28일

2·28 시위 발전 추세도

2·28 국가기념관

2시 28분에 전국적으로 행사가 동시에 진행된다는 소식도 알렸다.

2001년에 신주시청이 2·28 기념비를 건립했다. 매년 피해자의 영혼을 위로하는 기념 활동을 계속하고 있다. 기념비에는 이렇게 기록되어 있다.

이후 사랑으로 돕고 지성으로 대하여 원한을 없애고, 평화가 대만에 강림하여 함께 아름다운 미래를 만들어갈 수 있기를 기원합니다.

원한을 없애야 한다는 구절이 매우 인상 깊게 와 닿았다. 대만인들은 특히 신주시민은 이렇게 2·28 기념비 건립이 원한을 없애는 데 직접적인 목적이 있다고 말했다.

2·28 운동 72주년 당일 나는 대학원생과 함께 타이베이 228 평화공원에 갔다. 대만 현대사의 비극을 추모하는 정부 차원 행사의 규모를 보고 싶었다. 정복과 사복 경찰들이 삼엄하게 경비하는 상황을 보니 총통이 참석할 것이 분명했다. 한쪽에서는 사람들이 어떤 민원을 제기하는 시위를 하고 있었다. 바람이 세게 불어 추웠고, 초청장 없이 행사장에 들어갈 수 없다는 사실을 확인하고 그대로 돌아왔다. 그다음 날 신문에서 총통이 다녀갔다고 보도했다. 기념식에서 차이잉원(蔡英文) 총통은 이렇게 말했다.

대만에서 정의를 바로 세우는 일이 늦었지만, 우리는 최대한 빨리 추진해야 합니다. 어떤 사람들은 정의를 바로 세우는 일이 정치 투쟁일 뿐이라고 오해하기도 하고, 또 어떤 사람들은 과거 일을 다시 제기할 필요가 없다고 말하기도 합니다. 저는 다시 엄숙하게 이러한 의견에 동의하지 않는다는 사실을 밝힙니다.

연설 문구를 보는 순간, 한국 상황이 떠올랐다. 총통과 함께 행사에 참석한 커원저(柯文哲) 타이베이 시장은 쟁점을 조금 더 상세하게 설명했다.

2·28은 대만 국민 전체의 고난이었습니다. 그 사건을 추도하는 이유는 바로 후대의 자손이 다시는 이런 고난을 겪지 않도록 하기 위함입니다. 2·28 사건의 진상 파악과 가해자에 대한 책임 추궁 등 문제와 관련해서 사회 분열을 걱정하거나 이 문제를 건드리지 않으려는 사람들 때문에 정의를 세우는 일이 지체되고 있습니다.

이에 대해 전 총통인 국민당 소속 마잉주(馬英九)는 다른 곳에서 2·28 기념 활동을 하면서 아래와 같이 반박했다.

1993년부터 명예회복 작업이 추진된 이래 지방과 중앙 정부는 대단히 적극적이었습니다. 법무부 장관 재직 시 '2·28 사건 배상 및 처리 조례'를 제정했고, 이미 실시했습니다. 민진당 정부가 '정의 바로 세우기 조례'를 통해 정의 바로 세우기 위원회를 결성하고, 2·28 사건의 진상을 규명하고 책임 소재를 따진다고 하는데, 이러한 역행은 모두 사회를 분열하고, 원한을 부추겨 오히려 불의를 세우게 됩니다.

보수 국민당과 진보 민진당의 인식과 관점 차이를 극명하게 보여주고 있었다. 모든 이의 목표는 사랑과 포용임이 분명하다. 문제는 그것에 도달하는 방법이 다르다는 데 있다. 상처를 헤집고 열어서 고름을 짜내는 방법이 최선이라고 말하는 사람도 있다. 하지만 그렇게 하면 상처가 덧나니까 먹는 약과 바르는 약으로 치료하는 편이 좋다고 말하는 사람도 있다. 대만의 국민당과 진보당만이 아니라 한국의 정당도 그렇고 전 세계 보수 세력과 진보 세력도 그렇게 서로 타협점을 찾지 못한다.

'백색 공포'라고 부르는 전반적인 두려움이 무려 수십 년간 지속되었다. 말 한마디 잘못하면 쥐도 새도 모르게 잡혀갔다. 수많은 지식인이 정치범 수용소인 뤼도(綠島) 섬으로 끌려갔다.

작가 양퀘이(楊逵)는 1949년 「평화선언」을 발표했다. 2·28 민주화 운동으로 체포된 사람들을 석방하고, 국공내전을 평화적으로 해결하라고 주장했다는 이유로 무려 12년 동안 수감되었다. 돌이켜보면 이 228 평화공원에 얼마나 간절한 의미가 담겨 있는지를 알게 된다. '평화'라는 두 글자에 방점을 찍고 싶다.

국가 지도자는 어느 정파의 지도자가 아니다. 2·28을 직접 경험한 리덩후이(李登輝) 총통을 보면 국가 지도자가 왜 필요한지, 국가 지도자의 역할이 무엇인지 알 수 있다. 1995년 2월 28일 총통에 취임한 그는 우선 국가원수의 신분으로 절절하게 사과하고 나서 이렇게 말했다.

여러분이 넓은 마음으로 억울함과 눈물을 용서와 화해로 바꾸어 전 국민의 마음과 영혼을 따뜻하게 위로해주실 것을 믿습니다.

'정의 바로 세우기'라는 단어가 TV와 신문에 계속해서 나타났다. 국회 실황 중계를 보니 한국의 총리 격인 행정원장이 여러 차례 '정의 바로 세우기'라는 말을 입에 올리고 있었다.

2019년 3월 1일 자 친 국민당계 『중국시보(中國時報)』는 '11·24 민의

의 분수령, 대만은 이성으로 방향 전환을 해야 한다'는 제목의 분석 기사를 실었다. 2018년 11월 24일은 핵발전과 동성결혼 등 아홉 가지 이슈에 대해 국민의 의견을 물은 날이었다. 그날을 분수령으로 온 국민이 차분하게 이성적으로 생각하고 방향을 전환해서 화해하자는 내용이었다. 대만인들은 이제 다른 사람의 상처를 건드려서 표를 얻는 정치에 피로를 느낀다는 내용도 있었다.

한쪽은 '정의 바로 세우기'로, 다른 한쪽은 '사랑과 포용'으로 맞서고 있다.

228 평화공원 입구

9) 순이 원주민 박물관(順益原住民博物館)

대만의 원래 주인은 누구일까? 원주민이라고 할 수 있다. 대만의 고산 전체에 분포되어 살고 있었다. 대만에는 3천 미터가 넘는 산이 40개가 넘는다. 하지만 원주민들이 처음부터 높은 산에서 살았던 것은 아니다.

4백 년 전부터 대륙에서 한족들이 이주하자 원주민들은 떠밀려서 높은 산으로 올라갈 수밖에 없었다. 원주민들은 지금도 '고산족'이라는 말을 몹시 싫어한다. 그들에게 '산지인(山地人)'이라는 말은 시비를 거는 셈이다. 산지가 좋아서 올라간 것이 아니라, 한족에게 떠밀려서 어쩔 수 없이 올라갔기 때문이다.

대만 원주민들은 한눈에 보기에도 다르게 생겼다. 하와이나 사모아, 인도네시아 원주민을 생각하면 쉽게 이해할 수 있다. 유전적으로 태평양 폴리네시안 계열이다. 외모와 성격이 동아시아인과 다르다. 그렇다면 이들은 어디에서 왔을까? 대만 원주민의 유전자를 보면, 1만 5천 년 전부터 동아시아나 인도 남부, 멜라네시아 등에서 유입되었다. 4천 년 전에는 다시 동남아와 태평양 도서 지구로 흩어지기도 했다.

대만 원주민은 현재 뉴질랜드 마오리족의 조상이라고 할 수 있다. 최근 연구 결과에 따르면 대만 원주민과 마오리족은 유전적으로 같다. 몇 년 전 뉴질랜드 마오리족이 대만을 방문한 적이 있다. 지도자 아라페타 해밀턴은 대만의 동해인 화렌(花蓮) 앞바다에 발을 담근 순간, 조상의 존재를 느끼고 눈물을 흘렸다. 대만 방문이 영혼의 여행이었다고 했다. 뉴질랜드 마오리족은 대만 원주민 중 최대 민족인 아메이(阿美)족과 언어, 건축술, 문신, 군무, 토템 등이 서로 매우 비슷하다.

원래 대만을 기점으로 필리핀, 하와이, 피지 등을 경유해서 뉴질랜

얼굴에 문신한 원주민 할머니의 사진

드에 정착한 것이다. 16개 민족으로 구성된 대만 원주민은 남도어족 (Austronesian)에 속한다. 요즘 대만에서는 '원주민족'이라고 부른다. 그들의 언어는 서로 완전히 다르다. 그들은 꾸준히 서로 평화를 유지해왔는데, 그 비결은 바로 상대의 영역을 인정하는 것이었다. 이 산 너머 또는 저 골짜기부터는 우리 지역이 아니라 저쪽 소유임을 분명히 인정한 덕분이다.

따라서 경계를 침범하는 행위는 극단적인 금기였다. 그쪽 지역에서 나오는 소출이나 산물은 모두 그쪽 부족 소유였다. 경계를 침범하면 목숨도 내놓아야 했다. 사냥이나 수확에서 경계선은 목숨과 같은 것이었다.

다른 부족을 사냥하여 머리를 가져오는 습속은 산속의 한정된 자원을 두고 벌이는 생존경쟁의 결과였다. 학자들은 인구 감소를 궁극적인 목적으로 보았다. 이런 폭력 행위를, 직역하면 '풀에서 나온다'는 의미로 '출초

좁쌀이 주식인 원주민들은 좁쌀을 신성시 한다.　　　　원주민 복식

(出草)'라고 불렀다. 사냥감으로 남녀노소를 가리지 않았고, 사냥에 실패하면 자기 부족에서 금기를 어긴 사람이 목을 내놓아야 했다.

다른 부족의 머리를 사냥한 경력이 있는 남자만이 얼굴에 문신하고, 결혼하는 등 사회적으로 사람 구실을 할 수 있었다. 여자들의 얼굴 문신이 물레질 능력을 갖추었다는 증명이듯이 남자들의 문신 또한 생존에 필수적인 요소였다.

대만 원주민들은 사람 머리를 제물로 바치며 제사를 지냈다. 독립된 섬에서 거주하여 경쟁할 필요가 없는 부족을 제외한 16개 부족 대부분 습속이었다. 물론 유전적으로 밀접한 뉴질랜드와 인도네시아 원주민들에게도 같은 습속이 있었다. 그들은 기복을 목적으로, 그리고 자연재해나 역병 등 불길한 조짐이 있으면 조상신이 분노했다고 판단하고 다른 부족의 머리를 가져다가 제사를 지냈다.

사람들이 대만 원주민 이야기를 할 때마다 사람 머리로 제사 지낸다는 대목이 빠지지 않았다. 그 사실 하나로 원주민은 타자화되었던 것이다. 철학자 움베르토 에코가 이런 말을 한 적이 있다.

우리는 자신과 다른 사람들을 견디지 못한다. 그들의 피부가 다른 색이기 때문이다. 그들이 우리가 알아듣지 못하는 언어로 말하기 때문이다. 그들이 개구리, 개, 원숭이, 돼지나 마늘을 먹기 때문이다. 그들이 몸에 문신을 하기 때문이다.

뒤나 부락 원주민 모어를 사용하자는 표어

그렇게 무섭다는 원주민을 직접 본 적이 있다. 석사반 시절 홍콩에 가려고 대만을 경유했다. 그 유명한 동서횡단도로(東西橫貫公路)를 체험해보고 싶어서 친구와 함께 화롄(花蓮)에서 타이중(台中)으로 가는 버스에 올라탔다. 국민당이 군인들을 투입해서 완공했다는 그 길은 아마도 세상에서 가장 위험한 길 중 하나일 것이다.

루카이(魯凱)족 뒤나(多納) 부락

버스 바퀴는 길 위를 아슬아슬하게 굴러갔고, 바퀴가 밀어내는 자갈과 흙은 1천 미터도 넘어 보이는 까마득한 골짜기로 떨어졌다. 첩첩산중 어느 정거장에서 원주민 차림 남녀가 버스에 올라왔다. 그 순간 나는 속으로 '사람 머리로 제사 지낸다는 원주민이구나' 하면서 긴장했다.

그들은 바로 내 옆자리에 나란히 앉아 고산의 특산품인 배를 깎아 먹었다. 손은 언제 씻었나 싶게 손톱 밑에 새까만 때가 끼어 있었다, 그 손으로 깎는 배가 거의 까만색으로 변했던 것을 기억한다. 내 이야기를 들은 대만인들은 이구동성으로 내가 진

루카이족 뒤나 부락의 조형물들

뒤나 부락에서 내려다 본 풍경

짜 원주민의 마지막 세대를 보았다고 했다.

남쪽 가오슝 끝자락 해발 1천 미터 산속에 전형적인 원주민 마을이 남아 있다. 고산으로 겹겹이 둘러싸여 있지만, 그 마을 터만 평지인데 루카이족이 거주하는 둬나 부락이다. 인구는 6백 명 정도이고, 학생 수가 24명인 초등학교가 하나 있다. 루카이족 혈통의 원주민이 2019년 7월 1일 최초로 공군 중장으로 진급했다는 뉴스를 본 적도 있다.

둬나 부락에는 장로교와 제7일 안식일교 등 두 개의 교회가 있다. 교회 목사는 모두 한족이고, 마을 사람들은 대부분 이 두 교회 신도이다. 멀리 보면 네덜란드와 스페인, 그리고 미국과 캐나다, 가깝게는 일본인과 한족 선교사가 전도한 결과이다.

이 부락에 산유가 살고 있다. 2019년 초등학교 2학년에 다니던 여자아이로, 아버지는 홍콩인이고 어머니는 루카이족 원주민이다. 아버지는 오래전에 발길을 끊었다고 한다. 아버지 정이 그리웠던 산유는 내가 자기 아빠를 닮았다면서 나를 졸졸 따라다녔다. 부락에서 토스트집을 운영하는 산유 엄마는 예전에 대도시에 살면서 회사에 다녔다. 사장인 홍콩인 유부남 사이에서 산유를 낳았다. 홍콩인과 대만 원주민은 그렇게 연

둬나 부락 주소 표지판, 그들의 주식 좁쌀을 형상화한 그림

둬나 부락 안식일교 교회

결되었다.

산유의 큰이모는 그 마을에서 원주민 전통 식당과 민박집을 운영한다. 그녀는 성격이 정말 좋아서 같이 있을 때는 늘 웃을 수밖에 없다. 매우 낙천적인 성격이 폴리네시안의 특징일 것이다. EBS TV에서 방영한 「세계테마기행」 대만 편에도 등장했다. 그녀 역시 대도시에 나갔다가 다시 고향으로 돌아왔으니 원주민과 대만 대도시의 불화를 짐작할 수 있다.

석판옥

이 부락은 커피로도 유명한데, 원주민인 카페 주인에게 조상을 집 안에 매장하는 풍습에 관해 물어보았다. 그는 곧바로 나를 석판으로 지은 전통 가옥으로 안내했다. 대개 주위에서 흔히 구할 수 있는 재료로 가옥을 짓는다. 석판으로 지은 집은 겨울에 따뜻하고, 여름에 시원하다는 자랑도 잊지 않았다.

집은 부엌을 포함하여 세 공간으로 나뉘어 있었다. 바닥에도 석판이 깔려 있었다. 그는 바닥을 가리키면서 '조상님들이 바로 이 아래에 계신다'고 했다. 내가 고개를 갸우뚱하자, 나를 아들 방으로 안내했다. 침대 하나와 TV 수상기 한 대만 달랑 놓여 있는 방에서 20대 아들이 오락 프로그램을 보고 있었다.

사람 머리로 제사 지내던 곳

카페 주인은 바닥을 가리키면서 석판을 발로 굴렀다. 덜컹덜컹 소리가 났다. 그는 그곳에 자기 조상이 있다고 했다. 방을 나오면서 조상을 매장한 지 얼

사냥하러 가기 전 의논하던 곳

마 안 되면, 한동안 냄새가 올라오기도 했다는 말을 보탰다. 일본 통치 시기부터 집안 매장이 금지되었고, 지금은 마을 부근 전용 묘지에 조상을 매장한다.

산유의 큰이모 수는 가끔 진지한 표정으로 부락 위쪽을 가리키면서 거기에 사람 머리로 제사 지내는 곳이 있는데 한번 가보겠느냐고 물었다. 나는 두 손을 좌우로 마구 흔들면서 만약의 경우에 대비하곤 했다. 하지만 유난히 강한 호기심을 이기지 못하고 어느 날 혼자 그곳에 올라가고야 말았다. 한낮인데도 서늘한 기운이 감돌아서 사진을 찍자마자 곧바로 내려왔다.

기회가 있을 때마다 대만인들에게 원주민들이 실제로 사람 머리로 제사를 지냈느냐고 물어보았다. 타이베이의 순이 원주민 박물관에 가면 그 증거를 사진으로 볼 수 있다. 이 박물관은 사립으로 순이 무역회사가 소유하고 있다. 그 박물관에는 실제로 제사상에 올려놓은 사람의 머리 사진이 있다. 잘생긴 청년으로 보이는데 제사상에 오르기 전에 얼굴도 깨끗이 닦고 머리카락도 잘 빗은 듯했다. 그뿐 아니라 원주민 문화를 일목

순이 원주민 박물관 앞 버스 정류장　사람 머리 사냥에 관한 설명문　순이 원주민 박물관 전시물

요연하게 잘 정리해놓아서 작지만 알찬 박물관이다. 대만대학(台灣大學) 인류학 박물관(人類學博物館) 역시 볼 만한데, 일본 통치 시기부터 축적된 원주민 연구 자료를 볼 수 있다.

대만에서 체류하는 동안 한국에도 원주민이 있느냐는 질문을 몇 차례 받았다. 한국인은 거의 모두가 원주민이라고 대답하자, 더는 묻지 않았다. 대만의 원주민들은 결혼하는 데 어려움이 없느냐고 묻자, 매우 어렵다고 대답했다. 심지어 원주민들이 한족에 대해 적대감도 품고 있다고 했다.

다수 한족에게 소수 원주민은 어떤 사람들일까? 게으르고, 술 좋아하고, 성격이 거칠고, 교육 수준이 낮다는 고정 관념이 있다. 체격과 체력이 좋아서 유명한 운동선수도 있고, 가수 중에 원주민 출신이 많다. 영화와 드라마에서도 게으르고 술 좋아하는 소수로 흔히 타자화되고 있다고 한다.

대학 서문에 수위실이 있고, 인사 잘하는 수위가 있었다. 한국으로 돌아올 때쯤에야 그가 원주민처럼 생겼다는 사실을 깨달았다. 그때부터 대만인 중에서 원주민 혈통을 알아보게 되었다. 국민당의 동화 정책으로 원주민의 전통과 문화가 파괴되었고, 도시로 흡수되었다고 한다. 교육 수준이 한족보다 낮을 수밖에 없어 사회적 약자로 하류층에 편입될 수밖에 없었다.

원주민이 많았던 신주 베이푸 지역에는 원주민과 한족이 긴장한 상태로 살았던 흔적을 흔히 볼 수 있다. 한족 중에서도 소수에 속하는 객가인들은 평지의 끝인 산기슭에서 농사를 지었기에 아무래도 원주민들과 충돌이 잦았다. 원주민들은 제사에 사용할 사람 머리가 필요할 때마다 객가인들 동네로 몰래 들어갔다. 객가인은 그대로 당할 수 없으니 그들 나름대로 방어책을 세웠다.

우선 원주민들이 접근하기 어렵게 동네 골목을 미로처럼 복잡하게 만

제10회 원주민 클라우드 전시
회, 원주민 문화 과학기술상

신주 베이푸 지역 돌길 골목

전통방식으로 장뇌유 만드는
가게

들었다. 그리고 그들이 침입하면 미리 알 수 있도록 돌길을 만들고 그 아
래를 비워서 돌을 밟으면 큰 소리가 나게 했다. 마지막으로 대문에 접근
하면 곧바로 발포할 수 있게 대문 양옆에 총안(銃眼)을 설치했다.

　하지만 원주민과 한족이 언제나 서로 적대하기만 했던 것은 아니다. 일
본에 맞서 싸울 때는 자주 손을 잡았다. 일본의 통치 초기 대만 원주민들
은 일본군에게 격렬하게 저항했다. 먀오리(苗栗) 지역은 원주민과 한족이
힘을 합쳐 대항했던 곳이다. 원주민들은 경제적으로 주요 수입원이었던
장뇌유(樟腦油)를 약탈하는 일본의 침략에 맞서 싸웠다. 원주민을 포함하
여 8백 명이 먀오리 난좡(南庄) 지청을 포위하고 공격한 사건도 있었다.

　일본이 전사자들을 위로하고자 세운 전쟁 기념비가 지금도 곳곳에 남
아 있다. 일본군의 군도에 얼마나 많은 사람이 희생되었을지 짐작해보게
된다. 일본은 대만을 통치하는 동안 원주민들의 '출초'와 문신 습속을 미
개한 짓이라며 꾸준히 계몽 사업을 펼쳤다. 일본인과 원주민, 원주민과
일본인은 상대에게 서로 타자였던 것이다.

10) 타이난(台南)의 대만역사박물관(台灣歷史博物館)

대만에 관한 책을 쓴다는 말을 듣고, 타이베이에 있는 유명한 식당인 지핀쉬안(極品軒)의 대표는 내게 신주, 타이난, 루강, 세 도시를 잘 돌아보라고 했다. 모두 대만의 고도(古都)이다. 역사를 잘 살펴보라는 뜻이었다.

국립대만역사박물관을 둘러보면서 나는 여러 차례 감탄했다. 현재까지의 대만 역사를 있는 그대로 보여주고 있었다. '있는 그대로'의 역사 서술은 사실상 불가능한 일이다. 하지만 대만역사박물관은 불가능한 영역에 도전했고, 상당 부분 성공한 것 같았다.

대만의 정체성을 잘 보여주는 '스토리텔링'이 돋보였다. 일본 통치 시기는 물론, 원주민 이야기까지 복잡한 대만의 역사를 더하지도 빼지도 않고 그대로 보여주었다. 공평하고 공정한 서술이 근본적으로 불가능할 것 같은 역사를 제대로 재현했다. 무엇보다도 소수와 약자를 무시하지 않았고, 서로 다른 정체성의 갈등과 충돌을 숨기지도 않았다.

박물관 이야기가 나올 때마다 나는 타이난의 국립대만역사박물관을 추천한다. 박물관에 관심 있는 사람은 물론, 박물관 업무에 종사하는 사람에게도 추천한다. 그뿐 아니라 타이난 쪽을 여행하는 사람, 혹은 대만 역사를 일목요연하게 파악하고 싶어 하는 사람에게도 추천한다.

내게는 박물관의 전범이며, 최고의 역사박물관이다. 우선 눈에 띄는 설명문 제목을 나열해보면 다음과 같다.

대만의 명칭과 이미지
다원적인 종족
대만인은 누구인가

원주민의 기원과 전설

대만에서의 네덜란드인

신구 세력의 모순과 충돌

한족 사회의 형성

대만에서의 한족

원주민에 대한 외래(서방 전도사, 한족)의 교화

토지계약(원주민과 한족 사이의 토지 임대)

정복당한 원주민

통치와 교화(원주민에 대한 일본의 식민과 교육)

황민화

2·28 사건('민주화 운동'이라고 하지 않고, '사건'이
라고 지칭) 등등

국립대만역사박물관의 목표를
제시하고 있는 포스터

대만의 역사는 어디에서 시작할까? 원주민의 역
사는 너무 멀기에 후일을 기약하고, 네덜란드부터
풀어보자.

네덜란드 동인도회사가 1624년 대만 서남부에
상륙해서 1662년 떠났으니 네덜란드가 대만을 38
년간 통치한 셈이다. 처음으로 체계적인 식민 지배
가 시작되었다. 네덜란드는 대만을 동방무역의 거
점으로 삼았다. 대만에서 본국으로 비단, 도자기,
후추 등을 보냈고, 중국 대륙에서 대만으로 비단,
도자기를 수입했다. 그리고 대만에서 일본으로 설
탕과 사슴가죽을 수출했다.

일제의 원주민 교육 설명문, 국
립대만역사박물관

일제의 충군과 애국 교육 설명
문, 국립대만역사박물관

정성공을 성왕(聖王)이라고 표현한 골동품점의 홍보 문구

당시 네덜란드인이 2천 명, 원주민이 4만 명, 중국인 농노가 10만 명이었다. 통치자들은 세금을 통해 주민을 압박했다. 1662년 정성공(鄭成功) 장군에게 쫓겨나기까지 12명의 총독이 통치했다. 대만 역사학자 스밍(史明)은 '정성공'이라는 인물을 '반청복명(反淸復明)'을 꾀한 장군이라고 불러야 할지, 대만해협 양쪽에서 해적질도 했으니 '해적왕'이라고 불러야 할지, 대만에 동녕국(東寧國)을 건설했으니 '왕'이라고 불러야 할지 모르겠다고 했다. 역사는 이렇게 평가 기준에 따라 극과 극으로 달라진다.

1642년 스페인이 대만 북쪽을 점령했고, 17년 동안 지배했다. 대체로 북부는 스페인, 중부는 원주민, 남부는 네덜란드가 차지한 상태였다. 중국인 농노에게 사탕수수 농사를 짓게 해서 설탕을 만들었다.

오늘날 대만은 이민과 침략의 결과로 볼 수 있다. 멀게는 네덜란드부터 가깝게는 일본이 침입했고, 최근에는 동남아시아인이 들어오고 있다. 대만의 역사와 문화를 알고 싶다면, 중부 도시인 루강을 꼭 보아야 한다고 해서 가보았다. 마조의 생일(음력 3월 23일)이 다가오던 4월 어느 주말이었다. 골목마다 오가는 사람들로 넘쳐나고 있었다.

특히 수백 년 역사를 자랑하는 여러 사원은—살아 있는 인간의 영원한 숙제인 근심 걱정을 떨쳐버리기 위해— 몰려든 인파로 북적이고 있었다. 예습 없이 와서 평소처럼 아름다운 건물과 조각을 살펴보던 중이었다. 그때 열댓 명 단체 관광객에게 큰 소리로 유적을 설명하는 가이드가 보였다. 마조묘 대문을 설명하던 그가 레이저 포인터로 위쪽 벽돌 조각과 더 위쪽 처마 밑에 있는 조각상을 가리켰다. 서양의 책이나 그림에 자주 등장하는 귀여운 아기천사 상이었다. 그것은 분명히 천사의 모습이었다. 모르고 보면 눈에 들어오지 않을 만큼 작았지만 무척 정교했다. 마조묘에서 기독교 천사상을 보리라고는 상상도 못 했다. 외부에서 들어온 최초의 지배자인 네덜란드와 스페인의 영향이라고 했다.

흔히 대만에는 4대 종족, 즉 대만의 원래 주인이라고 할 원주민, 4백년 전에 대륙에서 건너온 민남인, 민남인과 비슷한 시기에 왔으나 수적으로 열세인 객가인, 1945년 이후 장제스와 함께 건너온 외성인이 있다고 한다.

루강 마조묘 천사상

복건성 남쪽 출신, 민남인 중 촨저우(泉州) 사람들은 주로 항구 무역에 종사했다. 장저우(漳州) 사람들은 평원에서 쌀농사를 지었다. 그들보다 소수였던 객가인들은 척박한 평원과 산의 경계 지역에서 농사를 지었다. 그들은 산에서 밭을 일구어서 귤 같은 과일을 재배했다.

문제는 땅과 물이었다. 한정된 자원을 두고 목숨을 걸 수밖에 없었다. 법은 멀고 주먹은 가깝다고 주인 없는 대만에서 이해 충돌을 피할 수 없었다. 18~19세기 말 중국인과 원주민, 복건인과 광동인, 촨저우인과 장저우인 사이에 오랜 기간 충돌이 이어졌다. 청대 대만은 '3년에 작은 난리 한 번, 5년에 큰 난리 한 번'이라는 말이 있을 정도로 혼란스러웠다. 유럽에 수백 년에 걸쳐 지속된 가문 사이 전쟁이 있었다면, 대만 중부에서는 장저우와 촨저우 사이 전쟁이 있었다.

이른바 '장촨(彰泉)' 투쟁은 이웃사촌이라고 할 복건성 대도시인 장저우 출신과 촨저우 출신 사이에 벌어진 전쟁이다. 1721년(강희 60년)의 주일귀(朱一貴) 반란 사건 이후 복건인과 객가인, 그리고 복건인 중에서도 장저우와 촨저우 출신이 토지와 수로 확보 문제로 이른바 '계투(械鬪)'를 벌이기 시작했다.

중국인들이 말하는 '계투'를 우리말로 뭐라고 해야 할까. 집단적 무력 충돌이다. '무기(械)'를 들고 '싸우는(鬪)' 것이니, 이미 상대방을 죽이겠다는 의지가 담겼다. 양대 도시 출신들은 사사건건 충돌했다. 청나라 140년 동안 60여 차례 유혈 충돌이 발생했다. 평균 3년에 한 번꼴이었다. 복건성과 광동성의 충돌은 19건, 장촨 충돌은 17건, 성씨 간 충돌은 15건이었다.

청나라 정부도 관여할 수 없을 정도의 무장 투쟁이었다. 그들이 땅과 물을 두고 죽기 살기로 벌인 전쟁을 보면 이익 앞에서 인간이 얼마나 추해질 수 있는가를 알 수 있다. 결국 대만인들은 상호 존중만이 상호 이익을 보장해준다는 사실을 깨달았다. 어차피 같이 살 바에는 '다름'을 인정하고 포용하는 문화가 무엇보다 중요했다.

대만의 역사박물관은 대만의 역사를 어떻게 서술할지 내내 궁금했다. 마침내 대학원생들과 함께 관장을 면담했다. 그는 대만역사박물관의 약점을 솔직하게 말했다. 중화민국 역사, 특히 1912~1949년 전시물이 공백 상태라는 것이다. 대만에서 이 기간의 역사를 기록하기는 해도, 사실상 대만이 아닌 대륙의 역사이다. 당연하지만, 대륙의 역사를 대만의 역사로 수용하는 문제에 갈등이 크다고 했다.

진보파는 그것을 대만의 역사로 인정하지 않고, 보수파는 대륙 역사까지도 대만 역사로 수용해야 한다고 주장한다. 그것이 사회적 갈등의 최고 지점이자 최대 쟁점이라는 것이다.

대동아전쟁 지도

루강 골목 캐릭터, 계투 장면 이미지

박물관 측에서 특별히 보여준 대동아공영권 지도에는 일본열도와 한반도, 대만이 같은 색으로 표시되어 있었다. 1945년 일본의 항복 선언은 대만인들에게 큰 충격으로 다가왔다. 그 세대는 일본의 항복 선언으로 일본만이 아니라 자신들도 망했다고 생각했다고 한다. 일본에 대한 감정이 그만큼 복잡하다는 것인데, 해방 이후 전개된 역사로 그 감정은 더 복잡해졌다.

박물관에 관심 있는 독자에게는 타이베이의 국립대만박물관(國立台灣博物館)과 까오슝의 시립역사박물관(高雄市立歷史博物館)을 더 추천하고 싶다. 대만박물관은 약자인 원주민 역사를 빠뜨리지 않았고, 일본인 학자들의 공로 또한 잊지 않고 있음을 보여준다. 시립박물관은 대형 박물관은 아니지만 전시 짜임새가 충실하고, 일본 통치 시기 교육 정책 관련 전시도 볼 만하다.

대만인들은 1945~1949년 국내 전쟁이 불러온 물가 폭등으로 큰 고통을 받았다. 2·28 민주화 운동 역시 두고두고 영향을 미쳤고, 이후 오랜 기간 국민당의 백색 공포로 대만인들은 자연스럽게 일본 시대를 그리워하게 되었다. 국립대만역사박물관은 이런 역사를 가감 없이 그대로 서술하고 있다는 점에서 모든 역사박물관의 모범이 될 만하다. 대만 사회의 포용과 절도를 여실히 보여주는 공간이다.

4. 알기

1) 선물(膳物)

주민번호를 받아야 은행(우체국)에 계좌를 개설할 수 있고, 계좌를 개설해야 정부에서 주는 월급을 받을 수 있었다. 대학원생 한 명과 함께 이민국으로 갔다. 담당 직원의 안내는 공손하고 진지했다. 태도에서 나를 도와주려는 마음이 고스란히 드러났다. 외국인에게 이민국은 왠지 모르게 주눅 들게 하는 공간인데, 뜻밖의 따뜻한 응대가 특별하게 느껴졌다.

대만에서 자주 이렇게 특별한 친절을 경험했다. 그때마다 놀랍고 내가 이런 대접을 받아도 되나 싶은 마음마저 들었다. 은행에 환전하러 갔을 때 안내를 맡은 젊은 여성은 내게 '고객님이 원하시는 인민폐는 이웃 은행의 환전 조건이 훨씬 더 좋다'고까지 말해주었다.

'중국의 전통을 보고 싶으면 대만으로 가라'는 말이 있다. 대만인들의 친절과 예절은 살아 있는 중국의 전통이 아닐까? 그들은 식당에서 합석할 때도 반드시 상대방의 허락을 받는다. 그들은 '고맙습니다', '미안합니다'를 입에 달고 있었다. 대만에서는 인사가 매우 중요하다는 사실을 깨달았다. 나이가 들수록 인생은 결국 서로 인사를 하는 것이라는 생각이 든다.

올해 구순인 아버지는 '양반은 수인사(인사하기)가 전부'라고 자주 말씀하신다. 어른에게든 아이에게든 인사를 잘하라는 말씀이다. 멀리서 꾸벅하지 말고 가까이 다가가서 한두 마디 말이라도 꼭 나누라고 당부하신다. 그래야 인사가 된다는 말씀이다.

친절과 예절의 근원을 묻자 대학원생 한 명은 일본 통치 50년의 영향도 있을 거라고 했다. 50년이면 긴 시간이다. 물론 일본 전통과 함께 인습도 남았을 터이다.

멀리서 왔다고 연구소장이 나를 큰 식당에 초대했다. 함께 식사한다는 것은 중국인들에게 매우 큰 의미가 있다. 세상 어느 민족이나 마찬가지이겠지만, 중국인들의 식사 초대 예절은 각별하다. 멀리 떠나거나 멀리서 오는 사람을 반드시 초대해서 함께 밥을 먹는다. 중국인 사회의 가장 기본적인 예절이다.

아버지는 또 어른은 빈손으로 다니면 안 된다는 말씀도 자주 하신다. 정말 대만이 그랬다. 대만인들은 빈손으로 나오는 법이 없었다. 선물을 손에 들고 다니는 예절이라는 뜻으로 '반수례(伴手禮)', 만날 때 예절이라는 뜻으로 '견면례(見面禮)'라고 부른다. 원래 견면례는 어른들이 아랫사람들의 인사를 받고 주는 돈이나 선물을 가리키는 말인데, 그만큼 어른 노릇을 강조하는 것이다.

전통적으로 중국인들은 어른, 아이, 윗분, 아랫사람에게 선물을 주고, 집안끼리도 서로 선물을 주고받는다. 수천 년 이어진 예절이자, 처세 철학이다. 한국에서 가져온 간단한 선물을 줄 때도 대만 친구들은 자연스럽게 받았다.

갑자기 친구 부부가 방문했다. 혹시나 해서 한국에서 가져온 김 한 통과 과자, 한복을 입힌 열쇠고리를 준비했다. 아니나 다를까, 그들 손에 사과만 한 대추와 귤 한 보따리가 들려 있었다.

설날이 가까워지면 서점에서도 편의점에서도 빨간 봉투를 나누어준다. 책에 빨간 봉투가 끼워져 있기도 하다. 이즈음 꼭 필요한 것이라는 뜻이다. 중국인들은 설날을 전후해서 빨간 봉투(세뱃돈)를 주는 풍습이 있다. 주위 사람, 특히 아랫사람에게 빨간 봉투를 건네지 않으면 인사를 모르는 사람이 된다. 사회에서 고립될 수도 있다.

빨간 리본과 노란 리본으로 장식한 금귤나무나 화분을 서로 주고받는

다. 건물 안팎에 놓인 알록달록한 화분들을 보면 그
것만으로도 잔치 분위기가 느껴진다. 눈은 빨간색
과 노란색으로, 귀는 '행복한 새해를 맞이하세요'
라는 인사로 자극받는다. 원색이 온 도시를 뒤덮고,
새해 인사로 온 동네가 떠들썩하다.

원숭이해 축하 포스터

학교 옆 골목을 지나가는데 낯선 아저씨가 내게 새해 인사를 했다. 직
역하면 '즐거운 새해를 보내십시오(新年快樂)'일 테고, 우리식으로 하면
'새해 복 많이 받으세요!'이다. 학교에서나 식당에서나 모두 '새해 복 많
이 받으세요!'라는 인사를 주고받았다. 지나가는 사람들도 '복 많이 받으
시라'는 덕담을 빠트리지 않는다. 대만 전체가 축제 분위기에 휩싸였다.
'이런 것이 명절이고 축제구나' 했다. 양안삼지(兩岸三地)의 설날은 빠짐
없이 화려하고 떠들썩해서 문화적으로 모두 중국인임을 다시 확인하게
된다.

수업의 하나로 국립대만역사박물관을 참관하고 관장을 면담하기로
했다. 관장 비서와 연락 관계를 유지하던 대학원생이 전전긍긍했다. 선물
을 가져가야 하는데, 마땅한 것이 없다는 것이다. 대학 연구소에 문의해
서 가져갈 만한 기념품이 없는지, 이럴 때 무엇을 준비해야 하는지를 나
와 친구들에게 몇 번씩이나 물었다.

한국에서 가져온 한복 차림 작은 인형이 몇 개 남았으니 가지고 가겠
다고 했다. 중국어로 된 내 책도 한 권 선물하기로 했다. 그래도 안심할
수 없었는지, 그는 미술을 전공한 자기 누나의 판화 작품을 준비했다. 대
만에서 선물은 이렇게 중요하다.

내가 대만인들에게는 꼭 선물을 챙기는 문화가 있는 것 같다고 하자
대학원생들이 모두 공감했다. 어떤 대학원생 어머니의 친구는 평생 선

사원에 바친 선물

물을 한 번도 잊은 적이 없다고 했다. 선물을 미처 준비하지 못하면, 예쁜 쇼핑백이라도 들고 온다고 한다.

일찍이 서양 선교사들도 중국 황제를 알현할 때 시계 등 서양 발명품들을 선물로 바쳤다. 서태후는 커다란 괘종시계를 좋아해서 나중에는 박물관을 차려도 될 만큼 많았다. 아예 중국에서 만들어보라고 명을 내리기도 했다. 따지고 보면 조공은 무역이라고 해도 좋을 물물교환 형태의 경제 활동이었다.

그렇게 지역과 지역, 국가와 국가가 소통했고 교류했다. 대만인들이 일상에서 선물을 주고받는 것도 경제활동이다. 선물을 사고 답례를 하니 경제의 선순환 구조에 도움이 된다.

전국 어디서나 볼 수 있는 과자나 빵, 특산품 가게들이 선물 문화 덕분에 유지된다고 해도 과언이 아니다. 작은 선물 문화이지만 큰 산업이라고 볼 수 있고, 그렇게 해서 돈이 돌고 돈다. 어딘가에 빈손으로 갈 수 없는 선물 문화도 사실은 돈이 돌아야 하니 만들어낸 구실일 수 있다. 그것이 '예절'이라는 포장을 덮어쓰고 있는 것은 아닐까?

2) 한자(漢字)

　대만해협 양안(중국, 대만)과 양안삼지(중국, 홍콩, 대만)가 문화적으로 같은 나라일 수밖에 없는 이유는 무엇보다도 한자에 있다. 그들은 같은 한자를 쓰고, 한자에 관한 이야기도 공유한다.

　20세기 초 음운학자 첸쉬안퉁(錢玄同)은 한자 폐지를 주장했다. 한자는 라마르크와 다윈의 신세계 문명을 대표할 수 없다는 것이 그 이유였다. 이처럼 개혁은 언제 어디서나 경박함을 동반한다.

풍족한 생활을 의미하는 가비옥윤 (家肥屋潤)

　한자 한 글자에는 수천 년 역사와 문화가 담겼다. 반듯한 한자의 역할과 미학에 관해서는 이미 많은 학자가 수천 년 전부터 연구해왔다. 한자를 칭송하고 찬미하는 행위가 바로 서예이다. 중국인들의 안목은 그렇게 높아졌다. 한자야말로 아름다움에 대한 중국인의 감각을 길러준 일등공신이다. 대만은 여전히 한자의 적통인 정자(正字), 즉 번체자(繁体字)를 쓴다. 이것이 대만 미학의 뿌리가 아닐까? 대만 사회 곳곳에서 보이는 아름

벽에 붙은 식당 신메뉴 소개

신주시 우승 수제 만두 등

명절 보답, 모든 볶음밥 30% 할인, 지금 절약하세요!

다음의 출발점이 아닐까?

대만에 도착하자 곧 춘절이 되었다. 대학 여기저기에도 빨간색 춘련(春聯)이 나붙기 시작했다. 춘련은 봄에 집 대문이나 기둥에 평안을 비는 말을 적어 붙이는 빨간 종이다. 저마다 개성이 물씬 묻어나는 서예를 감상하는 재미가 특별했다. 집마다 사무실마다 붙어 있는 춘련은 큰 축제로서의 설날을 더욱 돋보이게 한다.

대학 서문의 어느 식당 앞 칠판 글씨에 눈길이 간다. 분필로 "명절 보답, 모든 볶음밥 30% 할인, 지금 절약하세요."라고 예쁘게 써놓았다. 한자가 주는 가르침이라고 할까, 철학이라고 할까. 예쁜 한자의 이미지만으로도 이미 그 식당의 진정성이 느껴졌다. 명절을 맞아 '보답하고 싶은' 마음이 충분히 전해졌다.

연구실 옆방 새해 춘련. 원래 여러가지 제(諸)자를 써서 제운형통(諸運亨通)이라고 해야 하지만, 2019년이 돼지해인 만큼 창의력을 발휘하여 중국어로 같은 발음인 주(豬)인 돼지 그림으로 대체 했다.

연구실 옆방에 복을 기원하는 새해 춘련이 붙어 있었다. 독특하게 예쁘고, 창의성이 돋보이는 글씨여서 사진을 찍었다. 이렇게 대만 학생들은 자신도 모르는 사이에 한자의 아름다움과 전통의 의미를 배운다.

철학자 발터 벤야민은 학교 교육의 초기 단계부터 철학을 교육과정의 중심으로 삼아야 한다고 주장했다. 내 꿈은 철학 중심 학교를 하나 만들어보는 것이다. 학생들에게 철학 공부와 더불어 당시 삼백수(唐詩三百首), 아니 삼십 수라도 외우게 하고 싶다. 누구나 이백(李白)이나 두보(杜甫)의 시를 포함해서 명시 몇 수 정도는 외우는 중국인(대륙, 홍콩, 대만, 해외 화인 등)이 부럽다. 그들은 어릴 때부터 전통 시를 배우고 익힌다. 고전 시는 살아 있는 전통으로 중국인과 함께한다. 그런 인문학적 내공이 실생활과 연결되어 있음을 자주 확인하게 된다.

대만에서는 택시를 타고 주소만 말하면 정확하게 목적지까지 데려다 준다. 길 이름만큼 우리 입에 자주 올리는 것이 또 있을까. 길 이름이 국가 공동체에서 알아야 할 역사와 문화는 물론, 인간으로서 기본적으로 추구해야 할 가치를 가리키는 경우가 흔하다. 유교에서 말하는 유토피아인 대동 세계의 다퉁로(大同路), 지혜와 학업을 관장하는 문창제군(文昌帝君)의 원창가(文昌街), 국부 손문부터 장제스까지 일관되게 강조했던 박애 정신의 보아이가(博愛街), 유교 윤리의 기본인 충효의 중샤오로(忠孝路), 공자 사상의 대표적 주제인 인애의 런아이로(仁愛路), 유교의 개인 행동 지침인 팔덕, 즉 충효인애신의화평(忠孝仁愛信義和平)의 바더로(八德路) 등이다.

다퉁로(大同路) 원창가(文昌街) 표지판 　　　보도의 길 안내 표지판

중국인으로서, 대만인으로서 알아야 할 역사적 사건을 가리키는 이름도 많다. 1945년 일본 제국주의 지배에서 벗어난 광복을 의미하는 광푸로(光復路), 1911년 신해혁명을 가리키는 신하이로(辛亥路), 대만의 현대사와 불가분의 관계가 있는 장제스의 아호를 딴 중정로(中正路), 중화민국의 개국공신이자 국민당의 원로인 린선(林森)을 기념하는 린선로(林森路) 등이다.

대만인들은 어려서부터 가(街)와 로(路)를 머릿속에서 그리면서 지리와 방향 감각을 익힌다. '가街'는 스트리트(street)이고, '로路'는 로드(road)로 그 길의 방향과 함의를 익히 알고 있다.

한자는 생활 공간에서도 적절하게 사용된다. 아파트 단지 이름도 한국과 다르다. 영어식으로 만들어놓은 한국 아파트 이름은 도대체 무슨 뜻인지 알 수 없지만, 대만 아파트의 한자 이름이 전하는 의미는 분명하다. 예를 들어 '기쁨에 머문다'는 뜻의 거열(居悅), '기쁨을 외친다'는 뜻의 개열(凱悅), '깨우침의 집'이라는 뜻의 효학당(曉學堂), '임무가 탁월하다'는 뜻의 대임탁월(大任卓越), '자유로운 곡선을 추구한다'는 뜻의 자유곡선(自由曲線), '꿈꾸는 세상'이라는 뜻의 몽상세(夢想世), '발전하는 세대'라는 뜻의 흥세대(興世代), '동방의 찬란한 문화'라는 뜻의 동방문화(東方文華), '세계의 섬'이라는 뜻의 세계도(世界島) 등이다.

이 밖에도 한자다운 재미있는 표현이 많이 보인다. 한국에서는 '경로우대석'이나 '교통 약자석'이라는 표현을 쓰지만, 대만 사람들은 '우선좌(優先座)' 또는 '박애좌(博愛座)'라고 한다. 노숙자를 '거리의 친구'라는 뜻으로 '가우(街友)'라고 부른다. 조금 더 깊이 생각하고 조금 더 배려해서 내놓은 결과물이다. 대상의 의미를 한 번 더 생각하게 하는 작명이다.

칭화대학 근처 홍콩식 딤섬 식당인 우화마(五花馬)에는 이백(李白)의

자리 양보 예절 홍보   우선석, 박애좌   딤섬 식당 장진주

명시「장진주(將進酒)」가 벽을 장식했다. 술을 권하는 천하의 명시인데, 식당 벽에 붓글씨로 멋지게 써놓았다. 그러고 보면 식당 이름도 '장진주'에서 따왔다. 세상에서 제일 귀한 말인 꽃무늬 말(五花馬)도 소용없으니, 마시고 먹는 데 집중하라는 뜻이다.

대학 서문 쪽 객가 음식 전문 식당인 바펀바오(八分飽)를 보면서 감탄했다. 식당 이름으로 더 좋은 이름이 있을까 싶었다. 팔분(八分), 즉 배를 8할만 채우자(飽)는 뜻이다. 뿐만 아니라 인생만사 그 정도면 만족하라는 가르침이다. 식사하는 내내 자연스럽게 그 가르침도 함께 음미하면서 빙그레 웃고 있는 자신을 발견하게 된다.

대만도 버스 외부를 광고판으로 활용한다. 어느 날 지나가는 버스를 보니 붓글씨체로 '원형이정(元亨利貞)'이라고 크게 쓰여 있었다. 건축회사 광고 카피였다. 『주역』에 나오는 말로 사물의 근본원리를 가리킨다. 우리 회사는 마땅히 지켜야 할 도리에 충실하게 집을 짓겠다는 준엄한 약속인 셈이다.

한때 대만의 보건부 장관은 천스중(陳時中)이었다. 역병 지휘센터 책임자를 겸해 코로나 사태를 진두지휘했다. 매일 방송에 나와 대만의 코로나 상황을 브리핑했다. 대만인들은 그를 볼 때마다 공자의 가르침을 되새긴다. 그의 이름 '시중(時中)'에서 '그때의 상황에 맞게 유연하게 행동하는' 군자시중(君子時中)을 생각할 수밖에 없다.

목각 박물관이 있고 목각 작품을 파는 거리로 유명한 산이에 가려고 신주 기차역으로 갔다. 매표구에서 기차표 한 장을 주문하니 전표(全票)냐고 되물었다. 반표(半票)는 경로 우대표이거나 어린이표다. 어린이의 반표는 나이 또는 키를 기준으로 한다. 전표와 반표의 차이는 매우 중요해서, 그냥 기차표를 달라고만 하면 반드시 전표냐고 되묻는다.

대만인들은 어휘의 대칭과 균형을 추구한다. 변려문(騈儷文)의 대가 장런칭 교수는 수업시간에 늘 대구(對句)의 중요성을 강조했다. 변려문은 문장이 4자와 6자를 기본으로 한 대구(對句)로 구성되어 매우 아름다운 문체이다. 대구가 필요한 한자의 특성은 사람의 정신적 안정에 큰 도움을 준다.

전표와 어린표는 키 150센티 또는 6-12세가 기준

전표가 있으면 반표가 있어야 한다. 식당에서도 안에서 먹으면 내용(內用)이고, 포장해서 가면 외대(外帶)이다. 작은 친구 소붕우(小朋友)가 있으니, 큰 친구 대붕우(大朋友)가 있다. 어린이를 가리키는 '작은 친구'는 오래된 표현인데, 어른을 가리키는 '큰 친구'는 최근에 사용하기 시작했다. 큰 무리 대중(大衆)이 있으면, 작은 무리 소중(小衆)이 있어야 한다. 등이 있는 의자(椅子)가 있으면, 등이 없는 등자(凳子)가 있다. 물을 공급하는 상수(上水)가 있으니, 물을 배출하는 하수(下水)가 있다. 큰 시장(市場)이 있으니, 작은 시장인 시집(市集)도 있다.

그들은 어려서부터 맑은 국인 탕(湯)과 걸쭉한 국인 갱(羹)의 차이, 유령인 귀(鬼)와 초자연적인 개념인 신(神)의 다름을 알고 있다. 살아 있는 나무를 심는 날이기에 식목일(植木日)이 아니고 식수일(植樹日)이라야 하는 이유를 가늠하면서, 두뇌는 조금 더 똑똑해진다. 루쉰(魯迅)은 어법이 정밀하지 못하다는 것은 사유가 정밀하지 못하다는 증거라고 했다. 루쉰은 '어법'이라고 말했지만, 어법이나 언어나 문자는 두뇌에서 이성적 사유를 위한 훈련의 도구가 된다.

이런 측면에서 20세기 초 중국 신문화운동의 지도자이자 정신적으로 대만을 정립했다고 할 수 있는 사상가 후스(胡適)는 "말이나 글로 표현해 내지 못하는 것은 자기 생각이 아니다."라고 단언했다. 언어와 문자의 중요성을 강조한 주장으로 중국인들의 자부심을 엿볼 수 있는 대목이다.

언어와 문자는 사유를 가두는 틀이 될까, 아니면 사유를 세우는 기둥이 될까? 대만에서 사용하는 문자, 즉 한자가 우리에게 던지는 질문이다.

'언어는 마음의 창', 칭화대학 보도에 새겨놓은 문구

3) 번체자(繁體字)

대만의 문화를 말하면서 번체자를 빼놓을 수 없다. 번체자는 우리가 '정자(正字)'라고 부르는 한자(漢字)를 가리키는 말이다. 번체자는 국민당 정부가 중국공산당과 차별화하는 중요한 수단이었다. 장제스를 위시한 국민당 정부는 번체자가 중화 문화 정통성을 상징하는 수단이기에 반드시 지켜야 하는 것으로 인식했다.

중화인민공화국은 1964년 간체자총표(簡體字總表)를 공포함과 동시에 간체자를 쓰기 시작했다. 공산당은 민중 계몽을 중시하기에 번체자보다는 쉽고 효율적인 간체자를 선택했다. 대륙의 중국공산당이 간체자를 채택하고, 중화 문화를 말살하는 문화대혁명 등을 추진하고 나섰기에 국민당은 오히려 번체자 보호를 사명으로 여겼다. 국민당에게 번체자는 중국공산당의 야만성과 파괴성을 부각하는 장치였다.

현재 중국 대륙에서만 간체자를 사용하고, 대만이나 홍콩, 싱가포르에서는 모두 번체자를 사용한다. 재미있는 것은 최근 연구 결과에 의하면 간체자의 학습 효과가 크지 않다고 한다. 문맹률을 낮추기 위한 고육

'사람도 많이 재물도 많이 관광객도 많이'

'돼지해 모든 것이 마음먹은 대로 이루어지길'

'돼지가 복을 가득 채우기를'

책으로 간체자를 도입한 중국과 그냥 그대로 번체자를 사용해온 대만 등의 상황이 비슷하다는 것이다. 대만인들은 자신이 사용하는 정자, 즉 번체자에 대한 자부심이 대단하다. 연구소 직원은 번체자가 정통이고 아름답다고 단정했다. 그는 또 간체자에는 미학이 없다고도 했다. 간체자는 중국 한자와 완전히 다른 글자라고 했다. 그것이 중국어를 배우는 한국 학생들이 그토록 싫어하는 번체자를 고집하는 이유였다.

번체자와 간체자, 우리식으로 말해서 정자와 약자의 경쟁은 역사가 매우 오래되었다. 인생을 선택의 결과라고 본다면, 현재의 대만은 번체자의 결과이다. 번체자는 포용하지만, 절도 있는 대만 문화와 부합한다.

번체자 외에도 중국 문화의 정통성은 대륙보다 대만에 있다는 말을 자주 한다. 중국 대륙이 한동안 사회주의 광풍으로 전통의 단절을 겪었기 때문이다. 반면에 지금까지 대만에서는 설날을 위시한 전통 행사가 한 번도 중단된 적이 없다. 2019년 단오절은 양력으로 6월 6일이었다. 단오절은 대만의 국정 공휴일이다. 미뤄강(汨羅江)에 몸을 던진 초(楚)나라 애국자 굴원(屈原)을 생각하면서 찹쌀밥 쫑쯔(粽子)를 먹는 날이다. 달걀을 세우는 날(立蛋)이기도 하다.

이날 정오에 곳곳에서 '달걀 세우기 대회'가 열렸다. 1년에 양기(陽氣)가 가장 센 날이 단오이고, 그날 양기가 가장 센 시각이 정오이다. 그 시각에 달걀을 똑바로 세운다면 향후 1년 동안 복을 받는다는 믿음이 있다. 2012년 신주시 시립운동장에서는 4,247개의 달걀을 한꺼번에 세워 기네스 신기록을 세우기도 했다.

양기가 가장 센 단오날 정오에 긷는 물은 각종

쫑쯔(粽子)

병을 치료하는 영약으로 대우받기도 한다. '단오가 되면 겨울옷을 치우라'는 말은 단오가 되기 전에는 추위에 대한 긴장을 풀지 말라는 뜻이다. 음력은 수천 년의 통계로 완성한 달력이니 음력 절기는 계절 변화에 잘 들어맞는다.

단오날이 공휴일이라는 사실은 대만의 주류가 중국인, 더 정확히 말해서 한족이라는 뜻이다. 한족 전통은 국민당의 집권과 함께 획기적으로 강화되었다. 1945년 일본이 패망한 뒤에 대만을 접수한 국민당은 특히 중국의 전통문화를 중시했다.

1945~1987년 42년간은 권위주의 시기였다. 중국공산당과의 내전 중에 살벌한 대치 상황이 이어졌기에 당연한 일이겠지만, 정치, 언론, 학술 등 모든 분야에 자유가 허락되지 않았다. 그런 상황에서 내가 학부 4학년 때 대만의 청년 조직인 구국단(救國團) 단원 두 명이 서울 우리 집에 와서 하룻밤 묵은 적도 있었다. 그들이 돌아간 뒤에 내 책장을 보니 루쉰의 책을 뽑아서 읽은 흔적이 있었다. 대만에서 좌파 작가는 물론 루쉰의 책조차 금서였기에 또렷한 기억으로 남아 있다.

(좌) 어느 박물관의 포스터인데, 인문, 품격, 탐색, 정진 등의 가치를 강조하고 있다.
(우) 버스 내 예절을 강조하는 포스터

국민당 정부는 '사회주의'라는 외래 사상의 공격에 전통 사상으로 대응했다. 중국공산당의 이데올로기에 대항하고, 사회주의 확산을 저지하는 수단으로서 유교가 동원되었다. 유교 선양은 국민당 정부가 사활을 걸고 추진했던 사업이다.

초등학교와 중등학교의 교육 목표는 오로지 애국 사상을 고취하고, 민족 정신을 고양하는 데 있었다. 초중등학교 교재『국문』『생활과 윤리』『중국 문화 기본 교재』『중국 문화사』등을 통해 유교 사상이 지속적으로 전파되었다. 국가에 대한 충성, 전통문화의 선양, 국민교육 등 그것은 유교의 사유팔덕(四維八德), 곧 예의염치(禮義廉恥)를 말하는 사유(四維), 효제충신(孝悌忠信)까지 포함한 팔덕(八德)으로 집약되었다.

사람은 예절(禮), 정의(義), 청렴(廉), 부끄러움(恥)을 알아야 한다. 한 걸음 더 나아가서 효도(孝), 화목(悌), 최선(忠), 신의(信)를 위해 노력해야 한다. 유교가 제시하는 인간의 기본적인 도덕규범이다. 이 여덟 가지를 잊는 것을 '망팔(忘八)'이라고 하는데, 사람의 도리도 모르니 짐승과 다를 바 없다는 뜻이다. 중국어로 가장 심한 욕인 '왕바단(王八蛋)'이라는 말이

대만에서 가장 아름다운 풍경은 사람이다!

생긴 배경이다. 여덟 가지도 모르는(忘八=王八 중국어 발음이 같음) 짐승의 알(蛋)이니, 한국어의 '*새끼'에 해당한다.

철학자 이진우는 군주와 신하, 부모와 자식을 중심으로 하는 수직적 사회관계를 정당화하고 문화적으로 재생산하는 가치가 바로 '충'과 '효'라고 했다. 서열 중심의 답답한 관계를 구성하는 그 보수성을 지적했다.

하지만 유교 문화의 장점은 모든 가치와 도덕규범이 사람에게서 나온다고 믿는 데 있다. '대만에서 가장 아름다운 것이 사람'이라고 하는 대만인들의 자신감이 여기에서 비롯한다. 나는 어떤 사상이나 종교가 그 사람을 통해 어떻게 체현되는가를 주의 깊게 보는 편이다. 적어도 유학을 공부하고, 유교를 아는 사람은 완전한 인간형인 군자(君子)의 흉내라도 내려고 노력한다. 대만인들의 행동에서 지극한 정성인 '성(誠)'을 볼 수 있다.

중국 고문의 대가 장런칭 교수는 한자와 고문의 보수성은 단점일 수 있지만, 장점으로 작용할 때가 더 많다는 점을 늘 강조했다. 삶의 가치와 인간의 품위를 드높여준다는 가르침이다. 번체자는 대만이 수천 년 동안 이어지는 중국 전통의 적자임을 말해주는 당당한 아이콘이다.

번체자의 생김새는 수천 년 전과 변함없이 똑같다. 오늘을 사는 우리가 오래전 선현들과 직접 소통할 수 있게 해주는 체계이다. 대만인들은 번체자를 통해 선현들과 수시로 소통하면서 삶의 지혜를 전수받는다. 어떻게 함부로 단정하고, 가볍게 행동할 수 있겠는가?

4) 본성인(本省人)

대만의 중국인들은 대부분 4백 년 전부터 대륙에서 목숨을 걸고 바다를 건너왔다. 처지가 어려워서 도망 나온 사람들이다. 파산한 농민들이 바닷가 통제선인 해금선을 넘어 대만으로 이주했다. 열 명 중 여섯 명은 바다에 빠져 죽고, 세 명은 돌아가고, 한 명만이 겨우 성공했다고 할 정도로 대만해협은 무서운 곳이었다. 그들에게 대만은 너무 힘겹게 넘어온 곳이고, 물불 안 가리고 살아남아야 하는 곳이었다.

1758년(건륭 23년) 청나라 정부에서는 대만인들에게 변발을 요구하고, 한족의 전통적인 성명으로 개명하도록 성씨를 하사하는 등 '한족화운동(漢民化運動)'을 적극적으로 전개했다. 대다수가 평지 원주민이었던 그들은 복건인으로 편입되기도 하고 객가인이 되기도 했다. 여기까지가 대만의 본성인이다. 본성인은 4백 년 전부터 건너와서 대만(성)에서 뿌리를 내리고 자리 잡은 사람들을 가리킨다.

1949년 즈음 대륙이 공산화되면서 수백만 명이 대만으로 한꺼번에 몰려왔다. 앞서 말했듯이 1949년 전후로만 2백만 명이 유입되었다. 대만 전체 인구의 20%를 차지했다. 이들을 '바깥 성에서 왔다'는 뜻으로 '외성인(外省人)'이라고 부른다. 본성인 쪽에서 보면 굴러온 돌이다. 문제는 굴러온 돌이 주인 노릇을 하게 된 것이다.

이것이 대만 현대사의 비극이라면 비극의 출발점이다. 본성인과 외성인은 모두 중국인이지만 언어도 습관도 달랐다. 본성인은 4백 년 동안 사용한 민남어(閩南語)를, 외성인은 중국 각지에서 왔을 테니 표준어를 썼다. 민(閩)은 복건성의 약칭으로 민남어는 복건성 남쪽 방언을 말한다. 대체로 장저우와 촨저우 지방 언어이지만, 이미 대만화되었기에 민남어를 대만어라고 해도 무방하다.

본성인들은 50년 넘게 일본 통치하에 살았기에 점심때 도시락을 먹는 습관이 있었다. 하지만 외성인들을 반드시 더운밥을 먹었다. 본성인들은 자전거 타기가 습관이 된 반면, 외성인들은 버스를 타고 다녔다. 게다가 외성인인 국민당이 보여준 점령군 행태는 본성인들에게 미움받을 수밖에 없었다. 1940년대 후반에 대만으로 이주한 사람들은 군인과 공무원, 그리고 자본가들이었다. 본성인들은 계급적으로 하층민이었다. 양자 간 신분 차이가 다시 양자의 정체성을 형성했다.

외성인 즉 국민당은 표준어 보급과 중화 문화 부흥이라는 양대 목표를 설정했다. 통치와 직결된다고 판단했기에 표준어 보급 운동을 추진했다. 중국 국가주의와 민족주의를 주입하기 위해서는 본성인의 정체성, 즉 본성인의 언어(민남어)와 문화는 배제해야 할 대상이었다.

국민당의 민족주의 정책에 따라 일본의 통치는 완전히 부정적으로 해석되었다. 그에 반해 본성인들은 일본 통치를 긍정적으로 보게 되었다. 국민당을 타자화하면서 '대만인'이라는 새로운 정체성이 형성되고 있었다.

1949년 시작된 계엄이 1987년 해제되었다. 국가주의와 민족주의의 종말을 의미했다. 이제 본성인의 목소리를 낼 수 있게 된 것이다. 본성인들(민남인과 객가인)은 계엄이 해제되자 자신의 정체성 찾기에 나섰다. 민주진보당(민진당)의 주도로 민주 의식과 더불어 대만 정체성이 수면으로 떠올랐다.

우리는 누구이고, 우리의 적은 누구인가? '대만 민족'과 '대만 독립'이라는 말이 생겼고, 대만어(민남어)와 대만 문화를 찾자는 움직임이 나타났다. 대만의 고속버스나 기차에서는 네 가지 언어로 안내방송을 한다. 먼저 표준어, 그다음에 영어, 민남어, 객가어 순이다. 병원의 안내방송도 표준어와 민남어가 순서대로 나온다. 대만인끼리도 표준어를 쓰기도 하고, 민남어를 쓰기도 한다. 심지어 나와 표준어로 이야기하다가 '잠깐만!' 하고 돌아서서 자기네끼리는 민남어로 대화할 때도 있다.

2·28 국가기념관 대만독립

당연한 일이겠지만, 청나라 옹정제(雍正帝)는 방언인 광둥어와 복건어를 알아듣지 못했다. 옹정제는 그 지방에 부임하는 지방관들과 현지인들 사이의 소통을 걱정했다. 그는 표준어를 가르치는 학당을 세워 표준어 보급 운동을 펼치기도 했다.

다른 지방 사람이 못 알아들을 정도의 방언은 무엇을 의미할까? 방언은 그 지방의 정체성을 대표한다. 사람들은 그만큼 자신의 신분, 특히 문화적 신분

객가어 능력시험 대비 서적들

에 애착을 보인다. 대만에는 크게 세 개의 언어, 즉 표준어, 민남어, 객가어가 사용된다. 그렇다면 대만에서는 기본적으로 세 가지 정체성이 공존한다. 대학원생 중 하나가 객가어 자격증이 있다며 자랑했다. 방언 자격증 제도가 있다는 것이 신기했고, 방언을 보호하는 정부의 노력에 감동했다. 한국에서 제주도 방언을 할 줄 아는 사람이 점점 줄어들고 있다. 앞으로 제주 방언 자격증 제도가 도입될지도 모르겠다.

2019년 3월은 대학생들이 대만의 정체성을 외친 '해바라기 운동' 5주년이었다. 해바라기 운동의 배경에는—중국과의 협력 강화가— 중국에 대한 종속을 가중할 것이라는 대만인들의 우려가 있었다. 24일 동안 계속된 이 운동은 대만 사회는 물론 대륙에도 큰 충격을 안겼다.

대만의 정체성을 '다시 세운다'는 '중건(重建)'이라는 표현이 유행했다. 대만의 역사, 문화, 인물, 향토, 지리에 관한 출판물이 쏟아졌다. 더불

'본토 언어' 홍보상

대만 독립, 사회학연구소 대학
원생 연구실

홍콩 독립, 사회학연구소 대학
원생 연구실

어 민남어, 객가어, 원주민 언어 등이 중시되기 시작했다. 해바라기 운동은 1980년 이래 정치 자유화 바람과 더불어 대만 시민사회 형성에 큰 역할을 했다고 평가받는다.

연구소 복도에 이런저런 상을 받은 교수들을 축하하는 포스터가 붙어 있었다. 어느 교수가 무슨 상을 받았다는 사실을 밝히고 축하한다는 내용이 적혀 있었다. 교육부에서 '본토 언어' 홍보상을 받았다는 내용도 있었다. 본토, 즉 대만의 민남어에 대한 연구를 많이 해서 정부 표창을 받은 것이다.

민남어는 본성인, 즉 대만인의 정체성을 상징하는 가장 중요한 기호이다. 대만인들은 자신이 복건성에서 왔지만 더는 복건인이 아니라고 자주 말했다. 중국인이 아니고 대만인이라는 것이다. 어느 날 앞에 있는 대학원생을 가리키면서 중국인이라고 했더니 그는 정색을 하고 다음부터는 꼭 '대만인'이라고 불러달라고 했다. 인문사회대학 복도에서 한눈에 들어오는 대자보 스타일 플래카드 두 개를 보았다. 하나에는 '대만 독립', 다른 하나에는 '홍콩 독립'이라고 쓰여 있었다. 가까이 다가가서 게시자의 소속을 확인해보니 역시 사회학연구소(대학원) 학생들이었다. 대만 독립의 염원을 확인하는 순간이었다. 알고 보니 국립 칭화대학 사회학연구소가 대만 독립을 주장하는 독립파의 이론 기지 중 하나였다.

5) 객가인(客家人)

객가인도 한족이다. 하지만 자신만의 고유한 언어와 문화가 있다. 또 다른 정체성이다. 그런 점에서 객가인이 '우리'에게 던지는 의미는 매우 크다. 우리 안의 또 다른 우리, 민족 안의 또 다른 민족이다.

민족적 정체성이 복잡해지는 요즘, 객가인의 의미를 연구하는 학자가 많다. 중원이 매우 혼란스러웠던 위진남북조 시대 전란을 피해 산간벽지로 피신한 사람들을 그 뿌리로 본다. 그들은 방어 목적으로 세운 높은 토담에 지붕을 겹겹이 쌓은 토루(土樓)에서 수백 명씩 집단으로 거주했다. 계속해서 이동 분산해서 지금은 전 세계 곳곳에서 살고 있다. 대략 8천만 명으로 추산된다. 현재 대만 인구의 15%를 차지한다.

객가는 '외지에서 온' 또는 '객지에서 사는' 사람을 뜻한다. 중국 양안의 국부 손문, 중국 개혁개방의 설계사 덩샤오핑(鄧小平), 필리핀의 코라손 아키노 전 대통령, 대만의 리덩후이 전 총통 등이 객가인이다.

대학원생 중 한 명은 객가인이었다. 적어도 자신을 객가인이라고 믿었다. 그는 자신이 근면 성실하다는 이미지가 강한 객가인이라는 사실을 무척 자랑스러워했다. 선대에 객가인이 있었을 테고, 그것을 매우 중요한 사실로 받아들였다. 일본군에게 끝까지 저항한 민족이라는 자부심도 강했다. 그의 조상도 끝까지 투쟁했기에 나중에 입대 자격도 얻지 못했다고 한다. 일본 통치 시기 객가 족보는 믿을 수 없다고도 했다. 족보에 제대로 등재되면 신변이 위태로웠기 때문이다.

그는 개강하고 나서 얼마 뒤에 대학원생들을 팡랴오 의민묘(枋寮義民廟)로 안내했다. '의민(義民)'은 의병을 말하는데, 의민묘는 청나라나 일본군에게 끝까지 저항한 객가인들을 기리는 사원이다. 대부분 사원은 의

병의 본부 역할을 했다. 일본이 철저히 파괴한 것을 나중에 복원했다. 객가인인 그가 은근히 자신의 예법을 따라 하기를 종용했다. 우리는 구경하러 갔는데, 그는 우리를 데리고 참배하러 왔던 것이다.

의민은 이제 대만 객가인의 신앙이 되었다. 그는 되도록 많은 객가 문화를 보여주고 싶어 했다. 밥을 먹을 때도 되도록 객가 식당으로 갔고, 시간 여유가 있을 때면 나를 객가 문화관이나 객가 의병묘 같은 곳에 데려갔다. 화제도 대부분 객가 이야기였다.

대만에는 유형 무형의 강력한 객가 문화가 있다. 나는 객가인이든 아니든 대만인을 만날 때마다 객가 문화에 관해 물었다. 그들의 정체성은 무엇인가? 그들은 왜 몰려다니는가? 왜 그렇게 오랜 기간 옮겨 다녀야만 했는가? 그들은 자신을 어떤 존재로 생각하는가? 등 질문을 던졌다. 하지만 정확한 답변을 듣기 어려웠다. 모두 두루뭉술하게 대답했기에 호기심 강한 나는 객가인의 정체성을 꼭 알아내고야 말겠다는 투지를 불태우게 되었다.

'무언가 있구나' 하고 눈치채기에는 그리 오랜 시간이 걸리지 않았다. 친구들이 내게 던져준 힌트는 그들이 회사에서도 자신이 객가인임을 되도록 숨긴다는 사실이었다. '객가인'이라는 정체성의 함의가 복잡하다는 것을 짐작할 수 있었다.

원래 강한 정체성은 강한 배타성을 내포하고, 많은 적을 만들 수밖에 없다. 살아남기 위해 더욱 강한 정체성으로 뭉치게 되고, 그만큼 적이 더 많이 생긴다. 그런 의미에서 객가인은 영원한 객(客), 즉 주인이 아닌 손님일 수 있다.

객가 전문 서점에 가본 적이 있다. 객가어 성경도 있었고, 객가어 회화 책도 다양하게 마련되어 있었다. 대만에서도 북방과 남방의 객가어가 다르고, 정치적 정체성도 서로 다르다고 한다. 남부 객가인은 민진당을, 북부 객가인은 국민당을 지지한다. 이처럼 민족적 정체성은 거주하는 지역에 따라 또다시 분화한다.

앞서 말했듯이 대만에는 민남어, 객가어, 표준어의 3각 구도가 형성되어 있다. 세 언어를 모두 할 줄 아는 사람도 있고, 다른 언어를 잘 모르는 사람도 있다. 본성인들은 표준어만 아는 나를 대화에서 제외하고 싶을 때 그들끼리 민남어로 말했다.

객가문화사전

물론 표준어를 전혀 모르는 사람도 은근히 많았는데, 민남어만 할 줄 아는 할머니를 만난 적도 있다. 민남어로 내게 도움을 청했는데, 무슨 말인지 대충 짐작했고, 그분도 내 표준어를 알아들었다.

언어 환경은 사유 환경을 의미한다. 나와 말이 통하지 않는 타자의 존재를 다시 생각하게 한다. 그런 점에서 언어는 내 위치나 정체성을 시시각각 확인시켜 주는 장치다. 대만인들은 그렇게 타자의 실존을 확인하며 더불어 살아가고 있다.

객가어 성경

19세기 중엽 중국에서 객가인들과 광동인들의 전쟁은 15년간 50만 명이 사망했을 정도로 치열했다. 서로 포로를 '돼지 새끼(豬仔子)'라고 부르며 미국과 동남아 등지로 팔아넘겼다. 그렇게 객가와 광동의 포로들이 미국의 철도 건설과 동남아 농장에 투입되었던 것이다. 비참하고 비열하지만 그것이 역사적 진실이다. 우리는 자주 역사의 진실을 간과한다. 사실을 회피하지 말고 직시해야만 한 걸음 앞

대만어(민남어) 대사전

으로 나아갈 수 있다.

밀려난 객가인들은 동남아에서 주석 광산을 개발했다. 그들이 원주민과 싸워서 어렵사리 광산을 개발해놓으면, 광동인들이 들어와 식당을 열고 생필품을 파는 등 장사를 시작했다. 그리고 복건인들과 상하이인들이 들어와서 무역과 사업을 전개했다. 전 세계에 이런 패턴이 정착되었다고 한다.

객가인에게는 '각고 분투하는 사람'이라는 이미지가 덧씌워져 있다. 그들은 자기 힘과 기술에 의지해서 살아간다. 하지만 돈은 복건인과 광동인이 벌었다. 객가인들에게 피해 의식이 생길 수밖에 없는 사연이다.

재미있게도 선거 때가 되면 스스로 객가의 혈통임을 주장하는 정치인이 많아진다. 천수이벤(陳水扁) 총통은 객가인의 표를 얻고자 3개 대학에 객가문화대학을 설립해주었다. 신주의 국립 양밍쟈오퉁대학에는 객가인들의 전통적인 방어형 주택인 토루식으로 지은 객가문화대학이 있다. 2월 24일은 객가일로 정해 전국에서 축제도 열린다.

객가인이 많이 사는 먀오리에 대만 객가 문화관(Taiwan Hakka Museum, 台灣客家文化館)이 있다. 문화관에서 가장 인상 깊었던 것은 객가어 찾기 운동에 관한 전시였다. 1987년 계엄이 해제되고, 1988년 12월 설립된 객가 권익 촉진회가 '우리 모어(母語) 되찾기 운동'을 전개하면서 객가 문화 운동이 수면으로 떠올랐다.

언어야말로 정체성을 구성하는 시작이고 끝이라고 할 수 있다. 객가어 찾기 운동에 관한 전시를 보면서 주권 반환 이후 소수로 몰린 홍콩어(홍콩식 광동어)의 지위가 생각났다. 그런 점에서는 객가어와 홍콩어는 서로 동병상련하는 관계에 있다. 이른바 방언은 그 지역 표준어다. 언어는 정체성을 대표한다. 그런 점에서 홍콩

손중산 선생도 살아 있다면 TV에서 자신의 객가어를 사용할 수 없다!

어를 지키자는 운동은 벼랑 끝에 매달린 홍콩 정체성의 현재를 보여준다.

객가인을 알고자 한다면 그들이 왜 옮겨 다녀야만 했고, 그들의 정체성은 왜 그렇게 강한지를 살펴봐야 한다. 타이베이의 객가 문화 주제 공원(客家文化主題公園)과 먀오리의 대만 객가 문화관의 상설 전시에는 왜 그들이 줄곧 이동해야 했는지에 대한 설명이 없다. 「대만 객가 문화관 소개(Origin of the Museum)」를 읽는데, 이상한 문구가 눈에 들어왔다.

대만 객가 문화관

"지금 각계는 이미 보편적으로 온화한, 그리고 존중하는 태도로 객가 종족을 대할 수 있다." 이 말을 되새겨보면 예전에는 보편적으로 온화하지도 않고, 존중하지도 않는 태도로 객가를 대했다는 뜻이다. 객가인이 배척받은 배경에는 그들의 강한 정체성이 있다. 남과 다르다는 것은 내가 그만큼 남을 타자화한다는 의미이다. 정체성은 정도의 차이가 있겠지만 배타성을 포함한다. 사람의 성격처럼 너무 뚜렷한 정체성은 위험하다. 다른 정체성과의 충돌을 예고하기 때문이다. 세계적으로 가장 강한 정체성으로 손꼽히는 유대인 정체성도 이제 유연한 방향으로 전환되어야 한다는 의견이 많다.

천 년 동안 걸어온 길

유대인 사상가 프리모 레비는 이스라엘의 '공격적인' 민족주의를 비판한다. 그는 유대인의 정체성을 이전과 다르게 관용이나 다중심성 등으로 해석한다.

명말청초 광동성과 복건성 사이에 거주하던 객가

6) 원주민(原住民)

콜럼버스가 서인도제도에 상륙하기 전 원주민들은 평화롭게 살았다. 배고프면 나무에서 과일을 따 먹고, 물에서 물고기를 잡았으며, 시간이 남으면 공예품을 만들고, 사랑을 나누었다. 하지만 콜럼버스 일행이 침입해서 노동을 강제할 때 그들은 꼼짝도 하지 않았다. 아무리 잔인하게 채찍질해도 움직이지 않았다. 더러 움직이는 사람이 있어도 서서히 죽어갔다.

객가인 대학원생은 원주민과의 추억이 많았다. 상대적으로 소수였기에 인구수가 가장 적은 원주민과 가까운 곳에서 살았다고 한다. 내가 원시 공산주의를 주제로 강의할 때 그 학생은 원주민 마을에서 그렇게 원시 공산주의 사회처럼 내 것 네 것 없이 살았다고 했다. 집의 구분은 있었지만, 어느 집에서 자든, 어느 집에서 먹든 온전히 자유로운 상태였다는 것이다.

화렌 신청산(新城山) 광산에서 3백 미터 떨어진 원주민 부락은 45년 동안 계속해서 소음과 분진에 시달리고 있다. 2019년 6월 24일 부락민들은 광산 개발사에 찾아가 항의했다. 회사 책임자는 '당신들 조상이 동의했다'는 말만 되풀이했다. 부락민들은 조상이 중국어도 모르고 글도 모

원주민풍 식사

원주민 조각 작품

르는 상태에서 토지 소유권 포기 각서에
서명했다고 주장한다. 지금도 대만 곳곳
에서 원주민의 토지 되찾기 운동이 계속
되고 있다.

평지에 사는 원주민을 '핑푸족(平埔
族)'이라고 한다. 그들은 운이 좋았다고
할 수 있다. 한족 인구가 늘어나면서 원

원주민 동네 주소 표지판

주민은 대부분 밀려나 할 수 없이 고산으로 올라갔기 때문이다. 핑푸족
인 카바란(葛瑪蘭)족의 애환을 관현악과 합창으로 표현한 연주회에 다녀
온 적이 있다. 그들에게도 역시 한족들에게 쫓겨나 평지인 이란(宜蘭)에
서 고산 지역인 화롄으로 옮겨가야 했던 아픔이 있다.

외성인 즉 국민당은 대만 원주민을 내쫓거나 토지를 헐값에 사들이는
방식으로 개발권을 획득했다. 그 방식은 네덜란드가 58년 동안 통치하
면서 원주민과 토지 계약을 통해 토지를 매입하거나 임대했던 것과 비교
되고 있다. 일본도 국민당과 달리 원주민의 토지권을 인정했다는 평가를
받는다. 하지만 원주민의 처지에서 보면 네덜란드도, 스페인도, 처음으로
나라를 세운 정성공도, 청나라도, 일본도, 국민당도 모두 침입자에 불과
하다.

2019년 7월 29일, 대만의 『빈과일보(蘋果日報)』는 원주민 특집 기사를
실었다.

원주민은 원래 대만의 주인이다. 4백 년 동안 각기 다른 정권으로부터
다른 명칭을 부여받았다. 민족의식의 각성하에 원주민들은 '나는 누구
인가, 어떻게 호명되어야 하는가'를 고민했다. 수십 년의 노력 끝에 마침

내 1997년 '원주민족'이 헌법에 명시되었다. 이런 역사를 기념하기 위해 행정원은 2005년 8월 1일을 '원주민족의 날'로 정했다. 원주민에게 의미가 클 뿐 아니라 정의 구현에서도 역사적인 의미가 있다.

1990년대가 되어서야 원주민들은 비로소 산지(山地) 동포가 아닌 '원주민족(原住民族)'이라는 이름으로 그들의 정체성을 공식적으로 인정받게 되었다. 차이잉원 총통은 취임 후에 '원주민에게 사죄하고, 역사가 남긴 불의를 합리적으로 바로잡을 것'이라고 발표했다. 그만큼 원주민은 피해자였다. 이후 원주민은 민진당 정부 '정의 바로 세우기'의 상징이 되었다. 진보를 표방하는 민진당은 원주민 정서를 부각해서 국민감정에 호소하는 정책을 펼치고 있다.

이런 점에서 '정의 바로 세우기'를 주장하는 민진당이 원주민 소유였

역사 바로 세우기 원주민 운동 노선도

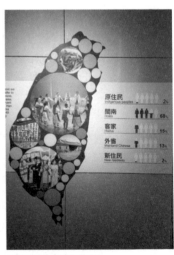
국부기념관의 민족 분포도

던 토지 반환을 입법화해야 그 진정성을 인정받을 수 있다는 의견이 있다. 어떤 대학원생은 민진당이 주장하는 정의 구현은 정치적 주도권을 잡기 위한 구호에 불과하다고 했다. 정의는 이렇게 반대 세력을 견제하는 카드로도 쓰인다.

대만의 민족 분포도가 궁금했다. 2019년 국부기념관에서 본 대만의 민족 분포를 보면, 원주민 2%, 민남(복건) 68%, 객가 15%, 외성(기타 대륙 출신) 13%, 신이주민 2%로 되어 있다. 사실, 민족 정체성을 나누기는 매우 어렵다. 선대에 어떤 혼혈 과정이 있었는지, 후대가 모르는 경우가 많다. 대만인들 중에도 할아버지나 할머니가 원주민이거나 객가인이라고 대답한 사람이 많았다.

유전학자 린마리(林媽利)는 유전자로 본다면 이제 대만인을 중국 혈통으로 인정하기 어렵다고 했다. 대만인들의 유전자를 분석해보면, 순수한 한족은 14%이다. 하지만 원주민은 56%나 된다. 현재 차이잉원 총통의 할머니도 원주민이었다. 그것처럼 유전자로 본다면 원주민 혈통이 다수를 차지하므로 대만인들은 중국인이 아니다. '대만인'이라는 민족이 새로 생긴 것이다.

대만의 인구를 크게 고산 원주민과 비고산 원주민으로 나누기도 한다. 98%를 차지하는 비고산 원주민에는 펑푸족은 물론이고 본성인인 민남인과 객가인이 모두 포함된다. 게다가 1949년 전후 대만에 들어온 중국 각 지역 사람들, 즉 외성인과 최근 20년 사이에 외국에서 들어온 신이주민도 포함된다. 대만에 거주하는 모든 민족을 원주민으로 간주하는 인식의 대전환을 통해 구별이나 차별에서 벗어나자는 주장이다.

최근 통계에 따르면 대만의 원주민은 16개 종족에 인구는 54만 명 정도 된다. 전체 인구의 2.5%가 채 되지 못한다. 원주민의 인구 비례에 따라

아타얄 학당 주최 공연 포스터

아메이(阿美)족 3석, 아타얄(泰雅)족 2석, 파이완(排灣)족 1석의 의석을 보장한다.

원주민 아이들의 합창 공연에 가자는 친구의 연락을 받았다. 우선 원주민 청소년 활동이 있다는 사실이 놀랍고 반가웠다. 원주민 학교인 아타얄 학당(泰雅學堂)이 주최한 행사로 2008년 원주민이 많이 사는 신주현 지역 음악 교사들이 처음 기획했다.

아타얄족 전통 음악이 원주민 청소년들의 마음을 여는 창구가 되고 있고, 더불어 그들의 자존감을 높여주고 있다고 한다. 로터리클럽 후원으로 열리는 이 행사에서 원주민 출신의 비례대표 국회의원인 가오진수메이(高金素梅)가 노래를 불렀다.

말과 노래 솜씨가 남달라서 집에 와서 곧바로 인터넷으로 그의 족적을 찾아보았다. 5선 의원인 그는 미모로나 성과로나 명성이 따라다니는 정치인이었다. 가오진수메이 의원은 아버지가 한족이고 어머니가 원주민이다. 마이크를 잡은 그는 민족을 나누고 차별하지 않는 것이 대만 정신이라고 했다. 그렇게 사랑과 포용을 강조했다.

7) 하한족(哈韓族)

대학 근처의 은행에 환전하러 갔다. 베이징에서 열리는 세미나에 참석하려니 인민폐가 필요했다. 내 여권을 보고 한국인임을 확인한 창구 여직원이 물었다. '한국어를 가르치시나요? 그럼, 무엇을 가르치시나요?' 나는 역사와 문화 같은 것을 가르친다고 대답했다. 그러자 여직원은 갑자기 매우 공손해진 태도로 '실례되는 질문을 하나 해도 되겠느냐'고 했다. 그러면서 '단오절이 한국 것이냐'고 물었다. '선생님이라면 정확하게 답변해 주실 것 같다'는 기대까지 덧붙였다.

류영하 교수 특강, 대만 사회 문화의 DNA를 찾는다!

얼마나 억울하고 답답했으면 처음 보는 한국인에게 이런 질문을 할까? 나는 공자도 단오절의 소유권도 일부 한국인들과 중국인들 사이에서 시빗거리임을 잘 알고 있다. 역사 공정(工程)도 마찬가지일 것이다. '어디 어디의 역사는 우리 역사'라는 다툼이다. 이런 흐름은 김치와 한복의 국적 논쟁에까지 이어진다.

우선, 단오절의 종주권은 중국에 있을지 모르지만, 한국에는 한국식 단오가 있다고 말해주었다. 문화는 주고받는 것이니 '누구의 것'이라는 주장은 성립되지 않는다. 이 세상에 '고유의 것'이 있을까? 김치는 김치이고, 중국식 김치인 파오차이(泡菜)는 파오차이이다. 한국인들은 김치를 먹고, 중국인들은 채소 절임인 파오차이를 먹는다.

역사는 누구의 것일까? 연구를 많이 하는 주체의 것이다. 그곳 역사를 내 것으로 만들고 싶다면 묵묵히 연구하면 된다. 문제는 이런 불필요한

신주시 어느 한국식당 외부광고

용 오빠 한국식 라면

한국 식당 안내문

어느 전시회

논쟁을 유도하고 서로 감정을 자극하는 배후가 있다는 것이다. 그것이 언론일 수도 있고, 정치권력일 수도 있다. 네 편 내 편을 나누고, 지지 세력을 확대하고, 신문 판매 부수를 늘리면 장사에 도움이 될지 모르지만, 그 대가는 양국 국민이 두고두고 치러야 한다.

한류 영향으로 대만에서도 한국식 김치(韓式泡菜)를 메뉴에 올리는 식당이 많아졌다. 재래시장의 반찬가게에도 빠지지 않는다. 아침마다 바나나, 파파야, 수전포를 사는 수이위안 시장 반찬가게에도 김치가 있다. 눈에 잘 띄는 곳에 있다. 한 대학원생은 김치 이야기를 할 때 '벌써 입에 침이 고이네요!' 라면서 입맛을 다실 정도였다. 김치는 대만인들에게도 이미 익숙한 음식이다.

신주시에서도 한국식당은 그리 어렵지 않게 찾을 수 있다. 만나는 사람마다 '안녕하세요' '감사합니다' '대박' '떡볶이' 등등 한국어를 한마디씩 했다. 대륙에서나 홍콩에서 그랬듯이 대만인들도 내가 한국인임을 알고 나면 한국 드라마 이야기부터 꺼냈다. 국위 선양에 소주도 큰 역할을 하고 있다. 드라마를 보면 늘 식탁에 초록색 병이 나오는데, 그 안에 무엇이 담겼는지 묻는 사람도 많았다.

앞서 언급한 유명한 식당 지펀쉬안의 주방장 겸 주인은 내게 한글에 관해 이런저런 질문을 퍼부어

진땀을 흘리기도 했다. 대만에서 한국어 학원이 번
성한다는 소식도 전해주었다. 그는 하한족(哈韓族)
을 말했다. 하(哈)는 '만족(滿足)'을 뜻하는 감탄사
이니, 하한(哈韓)은 한국에 만족하고, 한국을 좋아한
다는 뜻이다.

전국 외국어 센터 영어 일본어
한국어

다른 나라와 마찬가지로 대만에서도 하일(哈日)
에 이어 하한(哈韓)이 시작되었다. 한국 흐름, 한국
열기 또는 한국 유행으로 풀이할 수 있는 한류(韓
流)는 외국인들이 먼저 꺼내는 화제가 된 지 오래
다. 하지만 영원한 것은 없으니, 언젠가는 한류도
자연스레 지나가고, 또 다른 문화가 유행할 것이다.

버스표 판매기 4개국 국기

대만인들을 만나면 나는 1992년 한중 수교 과정
에서 대만을 섭섭하게 한 과거를 사죄한다. 한국은
중국과 수교하면서 우방 중 우방이었던 대만을 너
무 홀대했다.

'국가 관계'라는 것은 영원한 적도, 영원한 친구
도 없다고 할 만큼 냉혹하다. 하지만 그동안 대만이
한국에 보여주었던 의리와 성의를 생각해서라도
헤어지는 마당에 대만을 조금이라도 배려해 줄 수
없었을까? 두고두고 안타깝다. 일개 학자가 사과한
들, 무슨 소용이 있겠느냐만 그렇게라도 해야 마음
이 조금 가벼워진다.

기차역 바닥 표지판. 한국어도
보인다.

물론 한국과 대만 사이에는 세상 모든 일이 그러
하듯 정면과 반면이 함께한다. 한국을 좋아하는 하

중화민국 국기와 삼성 갤럭시 광고

한(哈韓)과 함께 한국을 싫어하는 혐한 (嫌韓) 감정도 있다. 스포츠를 통해 표면화한다. 대만의 국기인 야구를 비롯한 각종 경기의 응원 장면에서 종종 나타난다. 이웃 나라는 반드시 이겨야 할 대상인가? 그것도 억지를 부려서라도 말이다.

2020년 대선을 앞두고 재벌 회장인 궈타이밍(郭台銘) 후보는 한국을 끌어들였다. '아시아의 네 마리 작은 용'으로 대만과 같은 수준이었던 한국의 국민소득이 대만을 크게 앞질렀으니 다시 한국을 추월하겠다고 다짐했다. 택시 기사도, 연구소 조교도 '정체된 대만, 발전된 한국'이라는 공식으로 두 나라를 비교했다.

2022년 드디어 대만의 1인당 국내총생산(GDP)이 한국을 넘어서는 것이 확실하다고 한다. 대만 반도체 수출에 힘입어 19년 만에 역전을 했다. 국가경쟁력도 대만은 8위, 한국은 23위라고 한다.

한국은 대만이 부러워할 만한 대상인가? 나는 언제나 '행복 지수'를 따져 보아야 한다며 대만 친구들을 반박했다. 표정에서만큼은 당신네 대만인들이 훨씬 밝다고 말해주었다.

대만으로 오는 신이주민이 많아지고 있다. 앞에서도 말했지만, 나도 은퇴하면 대만으로 가서 살고 싶다. 한국의 중국학계에 나처럼 생각하는 사람이 많다. 2016년 12월 통계에 따르면, 중국 대륙과 홍콩 마카오 지구를 제외한 신이주민은 인도네시아 25만 명, 베트남 19만 명, 필리핀 14만

명, 태국 6만 명 정도이다.

대만의 시골에도 대륙이나 베트남
등 동남아에서 온 어머니가 많아지고
있다. 아이들은 어머니의 사회적 지위
가 낮을수록 어머니의 출신국을 밝히지
않는다고 한다.

한국과 마찬가지로 대만 TV에서도
「우리는 한 가족」이라는 프로그램을
방영한다. 어머니가 동남아 출신인 2세
들은 취업할 때 인기라는 뉴스도 보았
다. 그들의 외국어 실력이 필요하기 때
문이다.

오징어갱

아침에 시장 안에 있는 오징어갱(魷魚羹) 전문 식당에서 오징어갱과
쌀국수를 먹었다. 동네 아줌마가 와서 맞은편에 앉았다. 이어서 동남아
사람으로 보이는 가사도우미 아가씨가 할머니를 부축하고 와서 그 옆에
앉았다. 동남아인으로 보이는 젊은 여자가 연로한 어른을 모시고 식사나
산책하러 나온 장면을 흔히 볼 수 있다. 대만도 이제 노인을 돌볼 사람이
따로 필요한 노령화 사회다.

할머니는 오징어갱 국수를 주문했고, 할머니가 식사를 시작하자, 아
가씨는 가져온 도시락 뚜껑을 열었다. 옆에 앉아 있던 아줌마가 음식 재
료가 무엇인지 묻자, 아가씨는 발음이 정확한 중국어로 '소고기(牛肉)'라
고 대답했다. 그녀는 적절한 중국어 단어가 생각나지 않을 때마다 휴대
전화로 검색했다.

인도네시아에서 온 지 6개월 된 아가씨는 할머니가 중국어를 가르쳐

준다고 자랑했고, 이 시장에 인도네시아 음식 파는 곳이 있다고 했다. 동네 아줌마는 중국어도 가르쳐주고 입맛에 맞는 음식도 사주는 좋은 할머니를 만났다며 침이 마르도록 칭찬했다.

2019년 6월 7일 단오절에 대만의 국가대표 모델인 린즈링(林志玲)이 일본의 유명 가수와 결혼한다는 소식이 전해졌다. 신문 1면 톱기사로 나오는 것은 당연한데, 총통뿐 아니라 총통 선거에 나온 후보들이 축하 인사를 보내는 모습이 내가 보기에는 특이했다. 대만과 대만인들이 세계화하는 장면이다.

8) 양안(中國과 台灣)

대만해협을 사이에 두고 양쪽으로 중화인민공화국과 중화민국이 있다. 서로 국가로 인정하지 않기에 상대를 간단하게 '중국(대륙)'과 '대만'이라는 이름으로 부른다. 양쪽 내부의 정서는 매우 복잡하다. 하나로 통일(통합)하자는 강력한 흐름이 있는 반면에 지금까지 그래 왔듯이 따로 살자는 흐름도 매우 강하다.

1980년대 대만에서는 계엄이 해제되고 사회가 민주화 단계로 진입했다. 대륙과의 통일을 지상 과제로 삼았던 시대가 가고, 대만 자체의 정체성을 중시하는 시대가 왔다. '왜 우리가 꼭 하나여야만 하느냐'는 질문이 뒤따랐다. 대만 독립파는 그때부터 중화인민공화국의 통일 방안인 '한 나라 두 제도'를 뜻하는 '일국양제(一國兩制)'라는 말에 신경질적인 반응을 보이기 시작했다.

택시를 타면 기사가 '손님은 대륙에서 왔지요?' 하고 물었다. 남북한이 그렇듯이 해협 양안도 사용하는 말과 말투가 서로 다르다. 남한 사람이 북한 사람 말투를 단박에 알아채듯이 대만인들도 중국에서 온 사람을 금세 알아본다. 나처럼 택시 기사를 '기사(司機)'라고 부르지 않고, 전문가를 의미하는 '사부(師傅)'라는 말로 부르면, 대륙에서 왔다는 사실이 곧바로 드러나는 것이다.

공항에 마중 나온 운전 기사에게 중국을 어떻게 생각하는지 물었다. 그는 중국 어민들이 '야만적'이라고 했다. 그들은 대만해역에까지 들어와 조업하고, 제지하는 해경에게 무자비하게 반항한다고 했다. 그는 '야만적인' 그들을 '야만'으로 대해야 한다고 했다. 말로 해서는 안 되는 존재라고 했다.

2019년은 중국 지식인들이 민주와 과학의 근대화를 요구하고 나선 5·4운동 1백주년이 되는 해였다. 그렇게 오랜 시간이 흘렀어도 중국이 대만을 비롯한 주변국에서 '야만'으로 인식된다는 사실은 시사하는 바가 매우 크다.

　아파트 단지에 빈집이 많다고 했다. 중국인들이 아파트를 마구잡이로 사들여서 대만 서민이 고생한다는 말도 보탰다. 중국인들의 부동산 투자 광풍이 세계적인 이슈로 등장한 지 이미 오래되었다. 중국 특색의 사회주의는 어쩌면 중국 졸부들의 '행패'로 구현되고 있다. 연구소 직원도 아파트 공실률이 매우 높다면서 대륙인들을 '범인'으로 지목했다. 비단 대만뿐만 아니라 세계 어디서나 대륙인들은 아파트를 대량으로 사들여 비워 두었다가 가격이 오르면 되파는 행태를 보이고 있다.

　기사에게 '중국이 왜 통일에 집착할까요' 하고 질문을 던져보았더니, '부자가 돈을 더 필요로 한다'고 대답했다. 욕심 때문이라는 것이다. 작은 대만 하나를 버려두지 않는다고 했다. 대만 차이잉원 총통이 독립적인 성향을 보이자 중국 정부는 대만으로 가는 관광객 수를 대폭 제한했다. 대만의 식당 등 관광업계가 직접적인 타격을 받았고, 당연히 대만 정부를 비판하는 목소리가 나올 수밖에 없었다. 중국 정부는 2021년 파인애플을 2022년에는 고급 생선 수입을 금지시켰다. 민진당의 정치 기반인 남부 대만 경제에 충격을 주려는 조치로 보인다.

　해협 건너편에 있는 중국 정부가 대만 국내 정치에 개입한다는 비판이 나올 수밖에 없는 증거이다. 대만 경제 규모가 상대적으로 크지 않기에 그 영향은 더 직접적이다.

　나는 대만인들에게 지금의 양안 관계가 부럽다고 자주 말했다. 왕래에 문제가 없고, 투자할 수도 있고, 유학할 수도 있다. 심지어 대만 진먼도 사람들은 매일 배를 타고 맞은편 대륙의 복건성 시장에 다녀오기도 한다. 중국과 대만은 이미 단일 경제 체제가 완성된 것처럼 보인다. 중국의 오픈마켓 타오바오(淘寶)가 통일을 선도하고, 모바일 결제 시스템인 즈푸바오(支付寶)가 뒤를 받치고 있다.

대만인은 대륙에서 거주증만 받으면 대륙인과 똑같은 대우를 받는다. 대륙은 궁극적으로 대만인들을 중화인민공화국 국민으로 대하는 것을 목표로 삼고 있다. 당연히 경제 규모가 큰 중국으로 가는 대만의 인재 유출 문제가 심각해지고 있다. 대륙에 거주하는 대만인은 2백만 명으로 추산되고, 상하이에만 40만 명이 살고 있다. 이보다 더 큰 규모의 통일(통합)이 반드시 필요할까?

중국 정부는 양안 대학생 교류에도 큰 힘을 기울인다. 대만 원주민은 중국 중앙민쭈대학(中央民族大學)에 열 명까지 무시험으로 입학할 수 있다. 칭화대학이 메일로 보내주는 학교 소식에는 여름방학 동안 실크로드 초원 캠프에 가는 학생들을 모집한다는 광고도 있었다. 란저우대학(蘭州大學) 주최로 숙식과 중국 내 교통비를 제공한다는 조건도 밝혔다.

교환학생 대상 회사 홍보

교환학생 대상 여행사 홍보

칭화대학 게시판에는 대륙에서 온 교환학생을 대상으로 공지문이 붙어 있었다. 여행, 연예인 정보, 청년 공간, 모임 파티 등 작은 제목으로 볼 때 대륙에서 온 유학생들을 상대로 영업하는 회사였다. 교환학생 수가 그만큼 많다. 2018년 기준으로 대륙에서 온 연수생은 2만 명 정도라고 한다. 학위과정 학생이 9천 명이다. 하지만 연수생은 2015년 3만 4천 명을 정점으로 점차 줄어들고 있다. 대만 독립을 추구하는 민진당이 집권한 이래 양안 관계가 긴장되었고, 그 영향을 받고 있기 때문이다.

한국인의 관점에서 볼 때 해협 양안은 이미 통일된 상태나 다름없다. 중국은 왜 한 단계 업그레이드된 통일을 원할까? '양안의 통일'이라는 이슈는 우리에게도 많은 것을 시사한다. 반드시 통일(통합)되어야 할까? 지금처럼 따로 살면서 사이좋게 지내면 안 될까? 중국 정부 논리는 한마디로 통일(통합)되어야 더 큰 힘을 발휘할 수 있다는 것이다. 그것이 더 큰 행복으로 돌아온다는 것이다. 통일해서 미국을 포함한 서구 일변도의 세계질서에 대항해야만 더 잘살 수 있다는 것이다. 그것이 시종일관 바다를 하나의 띠로(一帶) 묶고, 육지를 하나의 길(一路)로 연결하는 '일대일로' 정책을 밀어붙이는 이유이다.

통일(통합)하려면 우선 무엇이 필요할까? 2019년 조사에 따르면 대만인 90%가 중국의 통일 방안인 일국양제(하나의 국가, 두 가지 제도)를 반대한다. 1997년 주권이 반환된 홍콩을 보더라도, 홍콩의 '다름'을 보장해주지 않았기에 일국양제는 속임수라는 것이다. 최근 홍콩대학의 조사를 보면 55%의 홍콩인이 일국양제에 믿음이 없다고 했고, 60%가 대만에도 적당하지 않은 제도로 보았다. 그렇다면 무엇보다도 상호 신뢰가 우선이다.

경제지 『왕보(旺報)』의 기사 제목이 눈에 들어왔다. 양안이 좋아야만, 대만이 비로소 좋아진다는 것이다. 전형적인 보수 세력으로 통일을 중시하는 논리이다. 친중국, 친통일 이념을 표방하는 대표적인 언론 『중국시보(中國時報)』 역시 수시로 대만의 탈중국화 경향을 경고했다. 2019년 3월 5일 자 『중국시보』에 '대륙이 없으면, 대만은 하루도 살 수 없다'는 제목으로 평론이 실렸다. 통일파는 언제나 '경제가 제일'이라는 논리를 앞세운다. 대륙은 대만 수출의 41%를 차지하고 있음을 우선 강조했다. 통일되면 대만은 지금과 비교할 수 없을 만큼 풍족한 생활을 할 수 있다고 주장했다. 내용만 보면 중국 정부를 대변하는 기관지 같다.

중국과 통일하는 것이 좋을까? 아니면 대만공화국으로 독립하는 것이 좋을까? 오늘날 대만 전체를 지배하는 쟁점이다. 급진적 독립을 뜻하는 '단단한 독립(硬獨)'과 점진적 독립을 뜻하는 '부드러운 독립(軟獨)' 등의 단어도 재미있다. 주목할 점은 2019년 3월 타이베이시 대변인이 '통일과 독립은 가짜 의제'라고 말했다가 통일파와 독립파 양쪽에서 공격받았다는 것이다. 그의 말은 통일이나 독립이 단박에 결론이 날 수 없으니 불필요한 소모전이라는 의미였다.

'통일'이나 '독립' 같은 거대 담론에서 자유로워지고 싶다는 목소리

대만 독립을 주장하는 깃발

대만 독립을 주장하는 깃발

였다. 보수 대 진보(통일파와 독립파)와 더불어 이도 저도 아닌 중간지대가 있음을 알 수 있다. 사회 안에 존재하는 '회색지대'라고 할 수 있는 제3지대, 또는 제3의 공간은 매우 중요하다. 제3의 공간이야말로 건강한 사회의 척도라고 주장하는 학자가 많다. 강요받지 않을 권리를 강조하는 것이다.

한국의 진보는 한반도의 통일을 원하지만, 대만의 진보는 양안의 통일을 반대한다. 대만의 진보는 독립을 원한다. 중국 정부는 기회가 있을 때마다 '하나의 중국'을 강조하고, 대만의 독립을 반대한다. 작은 나라인 대만으로서는 그 한마디 한마디에 휘둘릴 수밖에 없고, 그런 점에서 대만인들은 주눅든 상태이다.

2019년 5월 말, 1년에 한 번 하는 민방위 훈련을 했다. 중국의 미사일 공습에 대비하는 '만안(萬安)' 훈련이었다. 대만의 적은 바로 해협 저쪽 중화인민공화국이다. 나한테도 문자가 온 것을 보면, 대만에 체류하는 모든 사람에게 알리는 것 같다. 알다시피 최근 대만에 위기감이 고조되고 있다. 미국과 중국의 대치 상황에 따라 대만은 곧바로 최전방이 되어버린다.

타이베이 시장 커원저의 최대 업적으로 손꼽히는 쌍둥이 빌딩(雙子星, 각각 74층과 55층 높이, 2026년 완공) 계획이 중단 위기를 맞은 적도 있었다. 건설회사 이사회가 중국 정부의 영향권에 있어 대만의 '국가 안보에 불리'하다는 이유로 정부가 일단 허가를 반려한 것이다. 대만의 위기감을 엿볼 수 있는 뉴스다. 양안의 현대사는 전쟁과 대치의 역사였다. 위기감은 상대적 약자인 대만인들의 정서를 지배한다. 중국이라는 강대국, 중국공산당이라는 이데올로기 앞에서 어찌 주눅들지 않을 수 있겠는가?

대학 의무실에 간 적이 있었다. 대기하던 학생들이 잡담하다가 농담으로 '대만 특별행정구'라는 말을 꺼내며 혀를 끌끌 찼다. 대만의 처지를 중국 특별행정구로 지정된 홍콩에 빗대 자조적으로 표현한 것이다. 정치적으로 홍콩의 상황이 날로 각박해지면서 대만으로 이민하는 홍콩인들이 점차 늘고 있다. 2016년부터 최근 3년간 매년 1천 명이 넘었다.

서점의 홍콩 관련 서적들

'오늘의 홍콩은 내일의 대만'이라는 구호가 유행한다. 오늘날 홍콩 상황이 심각한데, 대만도 조심하지 않으면 곧 그렇게 된다는 경고이다. 이와 관련해서 대만과 홍콩의 연대를 희망하는 사람들이 빈번히 교류하고 있다. 세미나 등 다양한 활동을 통해 인식을 공유하고, 홍콩인들의 대만 이민을 도와주는 역할도 한다.

2019년 4월 6일 자 『빈과일보』의 기사는 '홍콩은 죽어가는데, 대만에 안부를 묻고 있다'는 제목을 달았다. 이제 '일국양제'가 아니고 '일국일제'가 되어가고 있음을 지적한 것이다. 2019년 4월 7일 친중국 행보를 보이는 시장이 일하는 가오슝에서 그를 비판하는 –1천여 명이 참가한– 시위가 일어났다. 요구사항은 네 가지로 요약할 수 있다.

신주시에서 열린 홍콩 송환법 반대지지 시위

1. 일국양제 반대하고, 새로운 국가를 건설하자!
2. 중국의 통일방안인 '92공식'을 반대한다.
3. 대만 주권을 팔아넘긴 시장에게 항의한다.
4. 해협 양쪽에 각각 하나의 국가를 건설하자!

다시 택시 기사의 말을 들어보자. 타이베이에서 선생님을 만나러 가는 길에 올라탔던 택시의 기사였다. 택시 기사는 여론의 현주소이기에 그대로 인용한다. 이것이 대만 보수파의 대표 정서일 것이다.

1. 공산당은 믿을 수 없다. 국민당은 여러 차례 속았다. 공산당은 신뢰가 없다. 공산당원끼리도 서로 속였다.

2. 장제스의 아들인 장징귀(蔣經國) 총통은 근본적으로 공산당과 접촉하지 않았다. 마잉주 총통 역시 두 차례나 속았다.

3. 덩샤오핑은 믿을 수 있는데, 시진핑(習近平)은 안 된다. 중국은 빛을 기르되 깊숙이 감춘다는 도광양회(韜光養晦)가 필요하다. 그것을 포기해서 트럼프에게 당했다.

4. 인터넷 통제가 더는 무서울 수 없는 단계이고, 일당독재는 갈수록 심해진다. 장쩌민(江澤民)과 후진타오(胡錦濤) 시절에는 집단지도 체제였다. 지금은 시진핑 일인독재이다.

5. 30년 동안 신문을 스크랩할 정도로 공부했는데 지금은 해결책이 안 보여 답답하다.

중국 정부는 2019년 3월 초 전인대 기간에 대만에 특별한 제의를 했다. 중국 고유 동물인 판다를 대만의 가오슝에 기증하겠다는 것이다. 표면적인 이유는 판다를 기증함으로써 양안의 도시 교류를 촉진하겠다는 것이다. 하지만 하필이면 친중국 성향 시장이 있는 도시에 기증하겠다는 것부터 수상했다. 사회 분열을 노리는 공산당의 전형적인 통일전선 전술이었다.

중국이 기대했던 대로 대만 여론은 판다를 받아야 한다는 주장과 받으면 안 된다는 주장으로 첨예하게 갈려 치열하게 싸웠다. '중국공산당이 잘하는 것은 포연이 휘날리지 않는 3전, 즉 법률전, 여론전, 심리전'이라는 말이 있다. 실제로 중국의 여론전에 대만 사회의 의견이 분분해지고, 민감하게 반응하는 사람이 많아졌다. 중국의 여론분열 전술은 일단 성공한 것처럼 보인다.

대만의 총리격인 행정원장이 중국의 장군에 멍군으로 응수했다. 중국이 판다를 주면 대만 역시 특산 원숭이(獼猴)를 주겠다고 했다. 가오슝 시장 등 통일파의 공격적인 행보에 대응하고자 차이이원 총통이 나섰다. 그는 일곱 가지 대응책을 제시했다. 궁극적으로 대만 독립을 희망하는 진보 세력의 입장이라고 보면 된다.

1. 양안 : 교류를 빙자한 중국공산당의 통일전선 전술을 방어하기 위해 양안의 교류 질서를 다시 구축한다.

2. 민주 법제 : '양안 인민 관계 조례' 수정안을 즉시 추진해서 민주적 보호망을 완성한다.

3. 경제 : 중국에 투자했다가 돌아오는 대만 기업에 적극 협조하고, 대만의 글로벌 산업 전략과 우세를 적극적으로 활용해서 외국과 쌍방·다변 경제협정을 체결한다.

4. 외교 : 국제적으로 우호 세력과의 유대를 강화한다.

5. 안보 : 대륙의 정치·경제·사회 정세를 파악해서 대만에 대한 여론 조작과 사회 침투를 방어한다.

6. 국방 : 국방 예산을 안정적으로 증액해서 대륙의 군사적 모험을 저지한다.

7. 사회 : 사회 소통을 강화해서 양안 정책에 대한 국민의 인식을 높여 내부 결속을 강화한다.

대만에서 공개적으로 통일을 요구하거나 대륙을 찬양하면 국가안전법에 따라 처벌받을 수 있다. 2022년 베이징 동계올림픽에서 대만의 스케이트 선수가 중국 국가대표팀의 유니폼을 입고 연습하는 장면을 인터넷에 올렸다가 난리가 났다. 중국 선수가 선물한 옷인데, 본인은 스포츠에 국경이 없다고 해명했지만, '돌아오지 말고 중국에서 살라'는 등 비난이 들끓었고, 당국은 사건 조사를 예고했다.

쯔위(子瑜) 사건도 언급하지 않을 수 없다. 걸그룹 트와이스(Twice)의 멤버 쯔위는 대만 출신이다. 2015년 11월, 인터넷 방송의 프로그램에서 진행자가 시키는 대로 중화민국 국기와 한국 국기를 손에 들었다가 엄청난 논란이 시작되었다. '대만 독립주의자(台獨份子)'라는 비난과 정치적 입장을 밝히라는 요구가 빗발쳤고, 결국 쯔위는 '중국은 하나뿐'이라고 사과할 수밖에 없었다. 하지만 대륙 중국인들의 분노는 쉽게 가라앉지 않았다. 마침 대만의 총통 선거를 앞두고 있었기에 대만 내부는 물론 전 세계 중국인 사회가 양쪽으로 갈라져 다투었다.

정체성과 정체성 사이의 감정은 이렇게 예민하다. 정체성은 쉽게 충돌하는 운명을 타고났다. 하지만 그것을 극복해야 평화가 실현된다. 일본의 오마에 겐이치(大前研一)뿐 아니라 민족국가의 소멸을 주장하는 학자는 많다. 국경 없는 세계에서 '같은 민족'이라는 근거는 통일(통합)의 전제 조건으로 너무 약하다. 오마에 겐이치는 유럽연합 같은 중화연방이나 중화 국가연합이 현실적 대안이라고 말한다.

나는 현재 유럽연합이 부러워서 늘 아시아 공동체나 아시아 연합의 결성을 꿈꾼다. 문제는 '어떻게 하느냐'이다. 중국처럼 다수는 자신이 주체가 되어야 한다고 생각하고, 대만처럼 소수는 자신이 먼저 보호받아야 한다고 생각한다. 무엇보다도 '따로 같이 사는' 정신이 중요하다.

9) 대만(台灣) 또는 중화민국(中華民國)

보물섬(寶島), 문학적으로 대만을 아름답게 부르는 이름이다. 중국인이라면 누구나 '보물섬'이라고 하면 대만을 가리킨다는 것을 알고 있다. 섬이 예뻐서, 기후가 좋아서, 자원이 풍부해서 붙은 별명이다. 나는 역사 경험 측면에서 대만을 보물섬이라고 부르고 싶다. 길게는 수천 년, 짧게는 수백 년 역사와 경험은 대만을 만두 같은 포용과 대나무 같은 절도를 갖춘 나라로 만들었다.

보물섬 관광 지도

사회학자 송두율은 서구의 뿌리 깊은 합리주의 전통에 주목했다. 보수, 혁신, 중도라는 것이 '거대 담론'이 아니라 작은 실천에서 나타난다는 점을 강조했다. 대만인들 역시 디테일에 강했다. 그들의 행동은 신중하지만 경쾌했다. 대만을 알아가면서 그들의 작은 실천에 거대 담론들이 숨어 있음을 알게 되었다.

비가 억수같이 퍼붓는 날이었다. 한국에서 온 친구가 택시를 타고 내 숙소 앞으로 왔다. 비가 너무 많이 와서 우리는 그 택시를 타고 식당이 많은 학교 정문 쪽으로 가자고 했다. 손에 1백 대만달러(한화 4천원) 지폐를 들고 미터기를 찾았지만, 눈에 띄지 않았다. 택시 기사가 깜빡 잊고 미터기를 켜지 않았던 것이다. 하지만 그는 어차피 나올 길이었다며 돈을 받지 않았다.

대만 사회의 구성이랄까, 연결이랄까, 짜임새는 단단하고 촘촘하다. 모든 거래에 전자 영수증과 명세서를 함께 발행해준다. 현금으로 내면 물론 현금영수증을 발행해준다. QR코드를 이용해서 제품 명세와 가격은 물론이고, 판매한 날짜와 시간, 분초까지 나온다. 그 시점의 판매 총액도 알 수 있다. 계산대 바로 앞에 영수증 수거함이 있었다. 그 수거함에는 영수증을 기증해달라는 문구가 쓰여 있었다. 손님들은 나가면서 자연스럽게 영수증을 기증한다. 대만의 영수증은 복권 기능을 겸한다. 소비자들은 당첨금을 받을 수 있기에 챙기는데, 더불어 국가 세수 확보에 유리하다. 작은 액수의 당첨 확률이 매우 높은데, 그 확률을 기증하는 것이다.

햄버거 매장에도 영수증 수거함이 있었다. 수거함의 주체는 재단법인 타이베이시 기독교 리여우(勵友: 친구를 격려한다는 의미) 센터로 되어 있었다. 사랑의 손길을 내밀어 학교를 중퇴한 청소년과 약자인 원주민을 돕자는 취지의 자선사업이다.

2009년 1월부터 대학 내 전 지역을 금연 구역으로 정하고, 실외 여섯

가오슝 어느 골동품점. 대만은 자유 민주 국가로서 총통은 국민의 직선으로 선출된다는 내용, 승관 유희도 70대만달러

곳에서만 흡연이 허락되었다. 이 규칙을 위반하면 수십만 원에 이르는 벌금을 내야 했다. 담배 피울 장소를 한정했다는 점은 수긍할 만한데, 그 정보가 정확하게 공지되어 있다는 점이 특별했다. 책임자 이름과 전화번호까지 명시했다.

나는 대만인들에게 '대만의 가치가 무엇이라고 생각하느냐'는 질문을 자주 던졌다. 친구들은 주저 없이 '자유와 민주'라고 대답했다. 너무나 어렵게 얻은 것이기에, 지금의 자유와 민주는 너무나도 소중하다고 말했다. 특히 중국의 상황과 비교하면 너

무도 자랑스럽고 소중하다고 했다.

영국 시사주간지 『이코노미스트』의 연구기관인 EIU가 2021년 세계 민주주의 보고서를 발표했는데, 대만이 아시아에서 1위, 세계에서 8위를 기록했다. 완전한 민주주의를 실현하고 있다고 해도 과언이 아니다. 참고로 한국은 16위, 중국은 148위였다.

'대만'이라고 해야 할까? '중화민국'이라고 해야 할까?

2022년 베이징 동계 올림픽에서 대만팀은 '차이니스 타이베이(Chinese Taipei)'라는 이름표를 달고 출전했다. 세계 각국에 있는 대만의 외교 공관은 모두 '대만'이 아니라 '타이베이 대표부'라는 이름을 사용한다. 한국과도 마찬가지이지만, 세계 대부분 나라와 '상호무역대표부' 형식의 관계를 유지한다.

중국의 일국 원칙에 따라 대만은 국가가 아닌 일개 지역으로 인정받는다. 국제무대에서 정식 국호인 '중화민국'은커녕 '대만'이라는 이름이 내포한 독립성 때문에 그 이름조차 인정받지 못한다. 그만큼 외교적으로 어려운 상황에 놓여 있다. 대만 언론에는 국제 뉴스의 비중이 매우 높고, 국제 동향에 대한 큰 관심이 그대로 드러난다. 모두 생존 차원의 현상일 것이다.

2019년 홍콩과 마카오를 방문한 가오슝 시장이 큰 실수를 한 적이 있다. 홍콩과 마카오에서 실시하는 일국양제를 '중화민국 지구'에서는 받아들일 수 없다고 발언한 것이다. '중화민국'이라는 대만 정식 명칭 뒤에 '지구'라는 단어를 붙였다. '중화민국'이라는 국호를 사랑하는 대만인들이 분노했다. '중화민국'이라는 정체성을 인정받고 싶어 하는 대만인들 자존심에 상처를 준 것이다.

중화민국은 헌법에 명시된 대만 정식 국호이다. 양안 통일을 지향하는

차이잉원 총통을 조롱하는 캐리커처

국민당은 '중화민국'이라는 호칭을 좋아한다. 대륙의 국호 '중화인민공화국'과의 동질성을 환기할 뿐 아니라 통일(통합) 당위성이 내재되어 있기 때문이다. 하지만 공개적으로 강조하기에는 부담이 크다. 대만 독립을 희망하는 사람들이 '중화민국'보다는 '대만'이라는 이름을 좋아하기 때문이다.

집권당인 민진당은 헌법 개정을 통해 국호를 '대만'으로 변경할 역량을 갖추고 있다. 하지만 정치경제적 부담 때문에 중국과 국내 반대파의 눈치를 보고 있다. 특히 중화인민공화국 정부는 국호의 개명은 물론이고 독립을 향한 대만의 아주 작은 움직임에도 촉각을 곤두세우고 있다. 대만으로 가는 관광객을 제한하는 경제 조치는 물론이고, 전쟁도 불사할 태세임을 누누이 경고하고 있다. 따라서 대만에서는 통일파도 독립파도 꼼짝 못 하는 상황에 놓여 있다. 어떻게 보면 지금이 최선의 상태인지도 모르겠다.

2019년 2월 말 차이잉원 총통이 일본 산케이 신문(産經新聞)과 인터뷰했다. 내용을 보면 그들 스스로 대만을 어떻게 인식하고, 어떻게 홍보하고 싶어 하는지 알 수 있다.

1. 대만에서는 민주 발전과 경제 발전이 동시에 진행되었다.
2. 중국 정부가 제안하는 일국양제는 양안 문제를 해결할 처방전이 절대 아니다.
3. 대륙의 군함이 대만과 오키나와 해상을 통과하여 서태평양으로 진출하는 문제에 관해 대만과 일본은 정보를 교환해야 한다.

4. 대만은 중국이 태평양으로 진출하는 요충에 있다.

5. 대만의 안전이 세계적으로 지극히 중요하다는 점을 인식해야 한다.

6. 대만이 보유한 기술력과 자유민주 가치는 매우 소중하다.

7. 대만은 미국, 일본, 중국의 세력 균형을 유지하는 역할을 하고 있다.

2019년 3월 대만의 차세대 지도자 중 한 사람인 타이베이 시장 커원저가 미국을 방문했다. 그는 미국, 일본과 친해야 하고, 중국과 적대 관계 아니라 우호 관계를 유지해야 한다고 주장했다. 중국과 비교하면 상대적으로 약자이자 소수인 대만을 걱정하는 마음에서 나온 현실론이다.

미국은 1979년 중국과 수교하기 위해 대만과 단교했다. 40년 만인 2019년 5월 차이잉원 총통의 친미 정책이 마침내 큰 성과를 올렸다. 26일자 신문 기사에는 일제히 대만과 미국이 처음으로 대등한 호칭을 사용했다는 제목이 달렸다. 대만에 주재하는 미국 대표부 이름이 '북미사무협조위원회(CCNAA)'에서 '대만미국사무위원회(TCUSA)'로 바뀌었다. 총

대만미국사무위원회 관련 보도

미국-대만 관계 40주년 특별 전시회 포스터

통은 '북미'가 '미국'으로 구체화되고, '대만'이라는 이름이 처음으로 미국과 대등하게 들어가게 되었다고, 그 의미를 설명했다.

나는 그 이름만으로도 대만의 정체성을 강조하는 국립 칭화대학 대만문학연구소에서 홍콩의 정체성에 관해 특강을 한 적이 있다. 홍콩학을 전공하는 대만인 교수가 대만과 홍콩의 다른 점은 무엇인지 물었다. 나는 오랜 세월 홍콩에는 시민 계급이 부재했으나 대만에는 1987년 계엄 해제 이후 시민 계급이 형성되어 왔다는 사실을 강조했다.

홍콩과 대만의 상황을 비교할 때 어떤 대학원생은 단호하게 대만은 군대를 보유하고 있다는 사실을 강조했다. 대만은 힘없이 당하고만 있는 홍콩과 전혀 다르다는 것이다. 실제로 대만 군사력은 전 세계적으로 몇 손가락 안에 든다. 대만인들은 자주 제2의 홍콩이나 티베트가 되지 않겠다고 말한다.

대학원생들은 약소국으로서 대만의 신세를 한탄하기도 했다. 하지만 대만의 경제 대국화를 우려하는 목소리가 나온 지도 이미 오래되었다. 어떤 측면에서는 삼성전자를 훨씬 능가하는 TSMC(台積電)를 언급할 필요도 없이 대만의 기술력은 아시아를 넘어 세계를 선도하고 있다. 대만 정부는 2017년부터 대만 산업의 AI화, 그리고 AI의 산업화를 촉진하고 있다. 타이베이에 있는 한 병원에서는 2019년 2월 말부터 인공지능을 이용한 진료를 시작했다.

과거 리덩후이 총통은 동남아시아 여러 국가를 방문한 뒤 남진(南進) 담론을 주창했다. 그리고 '중국의 변경에서 남양의 중심으로'라는 구호를 만들었다. 중국의 영향력에서 벗어나면서 동남아로 대만의 영향력을 확대하겠다는 것이다. 대만은 동남아시아국가연합을 주도하겠다는 꿈을 향해 가고 있다. 경제 대국인 중국의 구심력에 대항하겠다는 전략이다. 경제·무역 관계의 다변화와 함께 외교적 영향력까지도 신장하겠다는 것이다.

대만 중앙연구원의 리위안저(李遠哲) 원장은 대만을 동남아시아 역사 연구의 중심으로 만들겠다고 호응했다. 중앙연구원은 인문사회과학 관련 학문을 비롯한 생명과학과 수리과학 등 분야의 연구소로 구성되어 있다. 학술적 권위의 대표로서 각 부문 최고의 성과를 낸 인재를 원사(院士)나 연구원으로 초빙하고 대우한다. 총통 직속 기구로서 대만의 자존심이다. 한국에는 국가급 인문학연구원이 없기에 나는 늘 대만의 중앙연구원을 부러워한다.

비오는 날 강의실 앞에 자연스럽게 놓인 우산들

실제로 동남아시아에서 대만 기술을 배우러 온 유학생이 특히 많이 보인다. 이런 흐름에 대만의 사상가 천광싱은 대만이 이제 동남아를 새로운 식민대상으로 삼았다는 우려를 나타내기도 했다. 사회학자 지그문트 바우만은 '우리'와 '그들'을 나누는 것은 인간의 생존 방식이었다고 했다. 하지만 우리와 그들은 언제나 머리와 꼬리처럼 연결되어 있다. '우리가 아닌 사람'이 그들이고 '그들이 아닌 사람'이 우리라는 것이다.

타이베이 카페 유리창에 적어 놓은 세계 여러 나라 인사말

오늘날 우리는 '단일한 정체성'을 더는 언급할 수 없는 세상에 살고 있다. 국가나 민족 등 대부분 정체성이 복합적이고 중층적이다. 적어도 그런 방향으로 나아가고 있다. 대만은 그런 흐름을 한발

신주 네이만(內灣) 어느 골목의 캐릭터

앞서 보여주고 있다. 대만인들은 역사를 상상하지도 않고 사실을 부정하지도 않는다. 대만이 우리에게 던지는 화두는 진부하지도, 상투적이지도 않다.

대만 사회에서 포용과 절도가 강하게 느껴지는 이유는 무엇일까? 대만은 다양한 정체성이 '따로 함께' 살아왔고 살고 있는 공간이다. 대만인들은 전통을 중시하면서도, 변화의 중요성도 무시하지 않는다. 대만인들은 식민 지배 등 역사에서 비교하는 능력을 길렀고, 공허한 말싸움이 아니라 이해가 충돌하는 현실에서 배웠다. 마침내 화해하고 타협할 수밖에 없다는 것을 알게 되었다. 흔들림 없는 원칙과 기준 속에서 말이다.

타이난의 국립대만역사박물관 식당에서 파는 야채밥. 대만의 포용 정신을 상징하는 것처럼 아름답다.

참고문헌

주완요 지음, 손준식/신미정 옮김, 『대만 – 아름다운 섬 슬픈 역사』(신구문화사, 2003년 6월)

발타 벤야민 지음, 김영옥 등 옮김, 『일방통행로/사유이미지』(길, 2008년 3월 2쇄)

클로드 레비-스트로스, 류재화 옮김, 『레비-스트로스의 인류학 강의』(문예출판사, 2018년 3월)

아민 말루프 지음, 박창호 옮김, 『사람 잡는 정체성』(이론과 실천, 2006년)

지그문트 바우만 등 지음, 박지영 등 옮김, 『거대한 후퇴』(살림출판사, 2017년 6월)

천꽝싱 지음, 백지운 외 옮김, 『제국의 눈』(창비, 2003년)

송두율, 『역사는 끝났는가』(당대, 1996년 4월 6쇄)

서경식 지음, 김혜신 옮김, 『디아스포라 기행 – 추방당한 자의 시선』(돌베개, 2006년 2월)

이진우, 『지상으로 내려온 철학』(푸른숲, 2000년)

김영민, 『문화/문화/문화』(동녘, 1998년 1월 초판 2쇄)

정혜윤의 「새벽세시 책읽기」, 한겨레 2019년 7월 26일자 「책과 생각」

台北觀光傳播局, 『台北觀光資訊』(2017年 7月 發行)

新竹縣政府文化局, 『風味新竹』(新竹縣政府文化局 , 2018年 11月)

史明 審訂, 邱顯洵 繪著, 『手繪台灣人四百年史』(INK, 2017年 3月 初版)

吳密察, 翁佳音 審訂, 黃清琦 地圖繪製, 黃驤, 黃裕元 撰文, 『臺灣歷史地圖』 (國立臺灣歷史博物館, 遠流出版公司, 2018年 11月 6刷)

史書美, 梅家玲, 廖朝陽, 陳東升 主編, 『台灣理論關鍵詞』(聯經 , 2019年 3月)

杜福安 繪著,『古早的台灣』(玉山社 , 2016年 7月 4刷)

林媽利,『圖解台灣血緣』(前衛出版 , 2018年 12月)

吳瑪悧 編,『藝術進入社區』(遠流 , 2007年 10月)

胡盈,『世界博物館導讀』(華東師範大學出版社, 2018)

杜福安 繪著,『古早的台灣』(玉山社, 2016年 7月 4刷)

李乾朗, 俞怡萍 著,『古蹟入門』(2018年 11月 二版)

魯迅,〈關於翻譯的通信〉,《二心集》(人民文學出版社, 1980年)

王明嘉, 李宗焜, 李歐梵 等著,『漢字的華麗轉身』(大塊文化, 2018年 8月)

楊天石,「孫中山與第一次世界大戰」,『明報月刊』2019年 1月

대만 산책

초판 1쇄 발행일 2022년 6월 20일
증보판 1쇄 발행일 2022년 12월 1일
개정판 1쇄 발행일 2024년 5월 1일
지은이 | 류영하
펴낸이 | 김문영
책임편집 | 이나무
디자인 | 김미리
펴낸곳 | 이숲
등록 | 2008년 3월 28일 제406-3010000251002008000086호
주소 | 경기도 파주시 책향기로 320, 2-206
전화 | 031-947-5580
팩스 | 02-6442-5581
홈페이지 | www.esoope.com
페이스북 | www.facebook.com/EsoopPublishing
인스타그램 | @esoop_publishing
Email | esoope@naver.com
ISBN | 979-11-91131-69-7 03910
© 류영하, 이숲, 2024, printed in Korea.